KB018590

# 쇼펜하우어의
# 세상을 보는 지혜

# 쇼펜하우어의
# 세상을 보는 지혜

아르투어 쇼펜하우어 엮음 | **노희직** 옮김

더스토리

# 시작하며

○

## 당신은 지혜로운 만큼 행복해진다!

1788년에 태어난 아르투어 쇼펜하우어는 19세기 독일의 철학자이자 사상가이다. 그의 주 저서인 《의지와 표상으로서의 세계》는 현실을 인식하는 방식에 대해 독창적인 이론을 담고 있어 쇼펜하우어의 사상은 프로이트의 정신분석학, 니체의 철학 등 후대의 많은 사상가과 예술가들에게 깊은 영향을 미쳤다.

니체, 프로이트로 등 강력한 근대철학의 기둥을 이루는 철학자들의 스승격인 사상가 쇼펜하우어가 성경의 잠언서처럼 쉽고 짧은 글로 엮은 것인데 내용은 '성직자가 쓴 군주론'으로 보일 정도로 직설적이고 현실적이다. 당시 지도층은 위선과 타락으로 얼룩지고 대중들은 빈곤에 허덕였다. 이러한 위기 상황에 대처하는 방법들을 대중의 눈높이에 맞춰서 썼기에 매우 실용적이고 현실적인 처세서가 탄생한 것이다. 교단과의 갈등 등으로 묻힐 뻔했던 글들을 낡은 체제에 대한 반항심으로 가득찼던 철학자 쇼펜하우어가 가려뽑아 《쇼펜하우어의 세상을 보는 지혜》를 펴냈고, 이 책이 오늘날까지 전해지고 있다.

비록 19세기의 철학자지만, 쇼펜하우어의 사상은 현대사회의 여러 문제들, 예를 들어 소외감, 무의미함, 인간관계의 복잡성 등에 지친 당신에게 꼭 필요한 현실적이고 실용적인 300개의 인생 잠언을 전해준다.


- **천천히 서두르라(festina lente).**

 생각은 신중하게, 행동은 신속하게

- **지인의 결점에 익숙해져라.**

 오래갈 관계라면 반드시 그래야 한다.

- **사랑해도 거리를 두고 미워도 곁을 주어라.**

 친구도 적도 영원하지 않다.

- **아픈 손가락을 내보이지 말라.**

 돌아오는 건 위로가 아니라 공격일 것이다.

- **시작보다 끝맺음을 잘하라.**

 처음엔 박수 받기 쉽지만 끝에는 경멸 받기 쉬우니까.

《쇼펜하우어의 세상을 보는 지혜》속 금언들은 간결하다. 강렬하다. 그리고 놀랍도록 현대적이다. 왜냐하면 시대를 초월해서 사람들은 자신을 지키고 유지하며 발전시키는 법을 간절히 원해왔기 때문이다. 격변하는 시대의 물결 속에서 비둘기처럼 순수하면서도 뱀처럼 교활해야 한다고, 순종해야 할 때와 주도해야 할 때를 구분해서 자기 주도적인 삶을 살라고 충고한다.

《쇼펜하우어의 세상을 보는 지혜》는 단순히 고전적인 철학을 공부하는 것 이상의 가치를 전달한다. 인간의 삶, 사회적 상호작용, 권력과 명예, 윤리와 도덕에 관한 깊은 이해와 통찰을 담고 있다. 여러분에게 인생을 새롭게 바라보고, 자신의 삶에 적용할 수 있는 지혜와 보다 깊은 사유, 그리고 삶에 대한 새로운 관점을 얻을 수 있게 도울 것이다.

## 차례

**1**

나는 어떤 사람이
되고 싶은가

## 삶의 지침들이 넘쳐나지만
## 단 한 사람의 마음을 얻기도 힘든 시대를 살고 있다

지금은 모든 것이 최고조로 발전한 시대다. 특히 자신의 삶을 스스로 일궈가기 위해 필요한 비결들은 최고조로 넘쳐난다. 그래서 오늘날의 현인 1인이 도달한 자아 성찰의 경지가, 과거의 현인 7인의 것을 합한 것보다도 더 높고 깊다. 말하자면, 오늘날 한 사람을 상대하기 위해서는 과거에 한 민족을 다루던 것보다 더 많은 지혜와 능력이 필요한 것이다.

## 머리로 일하지만
## 마음을 쓰지 않으면 행복할 수 없다

마음(품성)과 머리(지식), 이것이 인간 능력의 양대 축이다. 둘 중 하나만 있다면 행복해도 반쪽짜리일 뿐이다. 그러니까 행복하려면 지식만으로는 부족하고, 반드시 품성이보태져야 한다. 그걸 몰라서 자신과 어울리는 신분, 직무, 이웃, 친구 등을 아무것도 얻지 못하는 것이 바보들의 불행이다.

# 당신을 완성시켜라
## 지혜로운 말과 신중한 행동으로

사람은 완성된 상태로 태어나지 않는다. 모든 능력과 탁월한 개성이 완전히 발휘되는 완성의 지점에 도달할 때까지, 매일 인격과 능력을 다듬어야 한다. 이것은 취미가 고상해지고 사고가 순화되고 판단이 성숙해지며 의지가 순수해지는 모습으로 나타난다. 결코 완성에 도달하지 못하는 이들도 있지만(그들은 늘 무언가가 부족하다) 대부분의 사람들은 서서히 무르익어 간다. 완벽한 사람, 그러니까 말이 지혜롭고 행동이 신중한 자는 주위에 분별 있는 사람들이 모여들고 그들과 친해진다.

# 천천히 서두르라
## 생각은 신중하게, 행동은 신속하게

근면하게 행동하고 지성적으로 사고하라. 이성이 세심하게 숙고한 것을 신속히 수행하는 것이다. 바보들은 서두르는데, 일을 추진할 시점을 정확히 알지 못하고 부주의하게 착수하기 때문이다. 반면 지혜로운 사람들은 오히려 지나치게 신중하다가 실수하곤 한다. 왜냐하면 때때로 추진력이 결여되어 올바른 판단의 결실을 이루지 못하기 때문이다. 신속함은 행운의 어머니기도 하다. 무엇이든 내일로 미루지 않는 사람이 많은 것을 성취했다. '천천히 서두르라festina lente'를 진정 금과옥조로 삼아야 한다.

## 마음이 너무 좋기만 해도 잘못이다
## 새들도 허수아비는 비웃는다

마음이 너무 좋기만 해도 잘못이다. 전혀 화를 내지 않는 사람 말이다. 사람들은 그렇게 감정이 없는 사람을 무시한다. 그건 게으른 게 아니라, 너무 무능한 것이기 때문이다. 상황에 맞게 감정을 적절하게 표출할 줄 아는 게 인간적이다. 새들도 허수아비는 곧 비웃는다. 좋은 안목을 가진 사람은 인생의 단맛과 쓴맛을 적절히 섞을 줄 안다. 단맛만 추구하는 건 어린아이 아니면 바보. 마냥 착하기만 해서 무감각하게 살아가는 건 매우 나쁘다.

## 재능이 일류여도
## 다듬어지지 않으면 삼류다

자연과 예술은, 재료와 솜씨다. 미美도 가꿔야 존재하듯이, 탁월함도 솜씨 좋게 갈고닦지 않으면 야만적으로 변질된다. 악행을 없애고 선행을 고취하는 것도 마찬가지다. 자연이 최상의 상태로 주어지는 경우는 거의 없다. 반드시 기술적으로 다듬어져야 한다. 안 그러면 천부적으로 뛰어난 자질이지만 미개한 상태에 머문다. 다듬지 않으면 그 어떤 탁월함도 늘 절반만 성공하고 절대로 완벽해지지 못한다. 모든 인간은 거친 면을 지니고 있고, 탁월해지려면 섬세하게 연마되어야 한다.

# 단 한 번의 실수도 하지 말라
## 세상은 백 번의 성공보다 한 번의 실수를 기억한다

백 번 맞히려고 노력하는 것보다, 전혀 실수하지 않도록 주의하라. 한낮의 빛나는 태양은 아무도 똑바로 바라보지 못하는데, 어둑해진 저녁의 석양은 모두가 볼 수 있다. 세상 사람들은 잘한 일보다 잘못한 일에 대해 떠든다. 게다가 악의적인 비판이 박수갈채보다 훨씬 오래간다. 그의 이름은 그 실수로 기억된다. 이제까지의 모든 성공을 합해도 작디작은 결점 하나를 지울 수가 없다. 그러니 모두들 실수를 피하려고 애쓰라. 모든 실수에는 악의적인 평가들이 따라붙겠지만, 성공에는 아무도 관심을 가지지 않을 것이다.

## 시작보다 끝맺음을 잘하라
## 처음엔 박수 받기 쉽지만 끝에는 경멸 받기 쉬우니까

끝맺음을 잘하라. 행운의 여신의 집에는 환호의 문과 탄식의 문이 있어서, 반드시 한쪽으로 들어가서 다른 쪽으로 나와야 한다. 따라서 최후를 염두에 두고, 등장할 때의 박수갈채보다 행복한 퇴장을 택해야 한다. 즐겁게 시작했지만 아주 비극적인 최후를 맞이하는 것은 불행한 사람들의 운명이다. 등장할 때의 박수갈채가 별로 중요하지 않은 이유는, 대체로 다들 박수를 쳐주기 때문이다. 그래서 퇴장할 때가 중요하다. 사람들이 박수갈채를 보낼 만한 삶을 살기가 매우 어렵기 때문이다. 행운의 여신은 퇴장하는 문지방까지 동행하는 일이 드물다. 등장할 때는 따뜻하게 맞이하지만, 퇴장할 때는 차갑게 내쫓는다.

## 항상 누군가 지켜보고 있다고 생각하라
## 세상에 비밀은 없기에 신중해야 한다

늘 누군가 보고 있다고 생각하고 행동하라. 항상 누군가 보고 있거나 볼 것이라고 생각하고 주위를 신중하게 살펴라. 신중한 자는 낮말은 새가 듣고 밤말은 쥐가 듣는 것을 알고, 인과응보로 악행은 반드시 되돌아온다는 것도 안다. 그래서 혼자 있을 때도 마치 온 세상이 지켜보고 있는 것처럼 행동한다. 왜냐하면 세상에 비밀은 없어서 조만간 사람들은 모든 것을 알게 되기에, 모든 사람들을 미래의 증인을 대하듯 한다. 어차피 온 세상이 바라보고 있기에, 누군가 옆에서 주시하고 있어도 대수롭지 않게 여긴다.

## 미완성으로 공개하지 말라
## 대작의 감동보다 미완의 미흡함으로 기억될 테니

미완성 상태로 보여주지 말라. 완성되어야 온전히 향유될 수 있다. 왜냐하면 뭐든 초반에는 기형인데, 이 불완전한 기형이 뇌리에 오래 남는다. 그래서 다 완성되었을 때에도 그 진가를 진정하게 누릴 수가 없다. 대작을 한눈에 감상한다는 것은, 개별적인 부분들에 대한 분석은 미흡해도, 매우 고차원적인 만족감을 준다. 그러니까 완성될 때까지는, 심지어 완성되어지는 과정 중에도, 아직은 아무것도 아닌 셈이다. 최고의 요리를 맛볼 때도, 그 준비 과정을 세세히 보면 식욕보다는 메스꺼움이 들 것이다. 그러니 모든 위대한 대가는 작품들을 시작 단계에서 공개되지 않도록 주의해야 한다. 자연에서 배우라. 아름다운 신생아로 태어나기 전까지 태아의 발달 과정을 철저히 숨기지 않는가.

# 먼저 노력하고 나중에 휴식하라
# 다 쉬고 나서 노력하지 말고!

마지막에 해야 할 것부터 미리 하는 삶을 살지 말라. 많은 사람들이 처음에 휴식을 취하고 노력은 마지막으로 미뤄둔다. 그러나 핵심부터 처리하고, 부수적인 것은 나중에 여유가 있으면 해야 한다. 싸우기도 전에 승리하려고 하면 되겠는가. 별 시답지 않은 것들부터 배우다가 정작 평생의 명예와 이득과 관련된 공부를 미뤄두면 어찌하는가. 그들은 아직 행운을 잡으려는 시도조차 시작하지 않았는데 이미 머리에서는 현기증이 나는 상태다. 앎에도 삶에도 '어떻게 할 것인가'의 방법은 매우 중요하다.

## 무뚝뚝하지 말라
## 다가가기 편해야 조언도 건넨다

무뚝뚝하게 행동하지 말라. 누구도 완벽하지 않기에 타인
의 조언이 필요할 때가 있다. 그런데도 남의 말을 전혀 듣지
않겠다면 구제 불능이다. 심지어 압도적인 지성의 소유자도
친절한 조언을 들어야 한다. 제왕조차 남에게 기댈 줄 알아
야 한다. 그래서 아무도 다가갈 수 없게 무뚝뚝하면 안 된다.
아무도 감히 바깥으로 이끌어내지 못하기 때문에 파멸로 추
락한다. 가장 탁월한 사람도 우정에 문을 열어두어야 한다.
그 문으로 도움을 얻을 수 있다. 친구는 자유롭게 조언하고,
망설이지 않고 질책할 수 있어야 한다. 당신이 그의 고견을
믿고 만족한다는 믿음과 신의를 보여야 한다. 아무나 쉽게
믿고 따르라는 말이 아니다. 내면 깊숙한 곳의 거울에, 오류
를 정정해줘서 고맙다고 생각되는 친구가 보일 것이다.

## 일의 우선순위를 알아라
### 현자가 가장 먼저 할 일을, 바보는 가장 나중에 한다

현자가 가장 먼저 할 일을 바보는 가장 마지막에 한다. 둘이 똑같은 일을 해도, 일의 순서에 차이가 난다는 말이다. 전자는 올바른 시간에 하고 후자는 그릇된 시간에 한다. 일단 시작이 그렇게 뒤죽박죽이면 끝날 때까지 그렇게 되기 쉽다. 머리로 생각해야 할 일을 발로 뛰고, 왼쪽 오른쪽을 바꿔 놓고, 모든 행동이 어린아이처럼 미숙하다. 이것을 바로잡는 방법은 하나뿐이다. 본래 자발적으로 했던 것들을 강제로 시키는 것. 반면에 현명한 사람은 먼저 해야 할 것과 나중에 해야 할 것을 단번에 파악하고 기꺼이 명예롭게 수행한다.

# 당신의 명예를 함부로 말하는 사람에게
## 똑같이 해주겠다고 경고하라

당신의 명예를 결코 남의 손에 맡기지 말라. 당신에게도 똑같은 권리가 주어지지 않는다면 말이다. 그러니까, 양쪽 모두 침묵해야 유리하고 발설하면 손실이라고 약속해야 한다. 양측의 명예가 똑같이 걸려 있을 때에만, 서로가 상대방의 명예를 지켜주기 위해 조심한다. 그러니 당신의 명예를 남에게 그냥 위임해서는 안 된다. 하지만 일단 그런 일이 벌어졌다면, 신중한 대처보다는 단호한 주의가 필요하다. 언제든 상호간에 똑같이 피해를 입을 수 있다고 수시로 표현해서, 상대가 차마 정도正道를 벗어나지 못하도록 주의를 주는 것이다.

## 일희일비할 필요 없다
## 어차피 세상의 절반과 나머지 절반은 서로 비웃는다

세상의 절반은 나머지 절반을 서로 비웃는다. 그래서 그들 모두가 바보다. 어디에 찬성하느냐에 따라 다 좋기도 하고 다 나쁘기도 하다. 세상 모든 것을 자신의 생각대로 통제하려는 자는 영락없는 바보다. 탁월함은 일개 개인의 호불호에 달려 있지 않다. 머릿수만큼 많은 취향이 있고 다 다르다. 결함이라고 생각되는 것도 누군가는 좋아할 수도 있고, 어떤 사람들이 마음에 들어하지 않는다고 상심할 이유가 없는 게 다른 이는 높이 평가할 수도 있기 때문이다. 마찬가지로 박수갈채에 우쭐할 필요도 없는 게 반드시 비난하는 사람도 나타난다. 진정한 찬사의 기준은 명사와 해당 분야 전문가의 인정이다. 당신은 특정인의 의견, 특정한 유행, 특정 시대로부터 초연해야 한다.

# 박수칠 때 떠나라
## 미련을 가지면 조롱 속에 퇴장한다

지는 태양 신세가 될 때까지 기다리지 말라. 현자들은 버림받기 전에 당신이 먼저 버리라고 조언한다. 최후의 승리를 준비해야 한다. 태양조차 가장 밝을 때 구름 뒤로 숨어서 지는 모습을 감춘다. 사람들이 해가 졌는지 아닌지 모르도록. 불행의 조짐이 보일 때 피해야 실제로 치욕을 당하지 않을 수 있다. 세상이 당신에게 등을 돌릴 때까지 넋 놓고 있다가는, 죽을 때까지 무시당하며 살게 된다. 현명한 코치는 선수가 경기로에서 넘어져 야유를 받기 전에 잔디밭으로 데리고 나간다. 미인은 아름다움이 사라진 것을 직접 눈으로 보기 전에 거울을 깨뜨린다.

## 부탁에도 매너가 있다
## 상대의 마음부터 살펴라

부탁에도 적절한 방법이 있다. 누군가에게는 세상에서 가
장 쉬운 일이겠지만, 누군가에게는 세상에서 가장 어려운
일이다. 아무것도 거절하지 못하는 사람들이 있는데, 그들
에게라면 두 번 부탁할 필요도 없다. 하지만 늘 단칼에 거절
하는 사람들에게는 능숙한 수완이 필요하고, 거기에 적절한
시기도 알아야 한다. 만약 상대방이 기분 좋은 날이라면 마
음을 단번에 사로잡아라. 기쁘면 호의적인 기분이 드는데,
기쁨이 내면에서 외면으로 흘러가기 때문이다. 반대로 상대
방이 이미 누군가의 부탁을 거절한 날이라면 접근해서는 안
된다. 반발심을 마주할까 봐 두려운 마음이 이미 사라졌기
때문이다. 슬픈 날에도 좋은 기회가 없다. 사전에 부탁 사항
을 명확히 전달하는 게 가장 좋지만, 상대방의 마음이 닫혀
있다면 소용 없다.

## 믿음직한 사람으로 남아라
## 거짓말이 판치는 세상을 따라가지 말고

믿음직한 사람이 되어라. 오늘날, 정직한 거래는 끝났다. 믿음은 사라졌고, 약속을 지키는 사람이 거의 없다. 많이 배려할수록 오히려 더 보답받지 못한다. 거짓말을 일삼는 국가들도 있다. 어떤 나라는 늘 배신의 위험이 있고, 어떤 나라는 늘 기밀을 누설하고, 어떤 나라는 늘 기만한다. 그러나 이런 나쁜 행동들은 모범의 예시가 아니라 경고의 신호다. 그런 지엽적인 일들을 주시하면 우리의 정직성이 흔들릴 위험이 있다. 그러나 명예를 아는 사람은 남들의 행동들을 보면서도 자신이 누구인지 결코 잊지 않는다.

## 유언을 남기듯 말하라
### 말실수할 시간은 있어도 주워 담을 시간은 없으니까

말을 주의하라. 경쟁자들과 말할 때는 신중하고, 다른 경우에도 체면을 지켜 말하라. 한마디 더할 시간은 항상 있지만 한마디를 철회할 시간은 결코 없다. 유언을 남기는 것처럼 신중히 말하라. 말수가 적을수록 싸움은 줄어든다. 사소한 담소에서부터 연습해두어야 중요하고 비중 있는 대화에서도 실수하지 않는다. 묵직하고 비밀스러우면 신성한 기운을 풍긴다. 가볍고 경솔하게 말하는 사람은 곧 실수하고 실패한다.

## 특기에 집중하라
## 무조건 열심히 해서는 헛수고다

　자신의 최고 강점, 특출한 재능을 파악하라. 그 능력을 개발하면 나머지 재능도 저절로 키워진다. 누구나 강점을 가지고 있으니 미리 제대로 알았더라면 탁월해졌을 것이다. 그러니 자신이 어느 면에 뛰어난지 알아내서 이용하라. 누구는 지적이고 누구는 대담하다. 그런데 대부분의 사람들은 자신의 소질을 왜곡해서 어떤 것에서도 우월해지지 못한다. 처음에 열정만으로 휘둘렸던 일은 시간이 지나면 오류였다고 판명되지만, 그땐 이미 너무 늦다.

## 능력의 한계를 들키지 말라
## 모르면 기대하지만 알면 실망할 테니까

능력의 한계를 내보이지 말라. 현명한 사람은 자신의 지식과 능력이 자세하게 평가되게 두지 않는다. 모두의 존경을 받고자 한다면 말이다. 사람들에게 알려지는 건 어쩔 수 없겠지만, 파악하게 두지는 않는 것이다. 그 누구에게도 능력의 한계를 들키면 안 된다. 대개는 실망할 테니까. 그 누구에게도 당신을 완전히 측정해볼 기회를 주면 안 된다. 능력치를 정확히 알고 있을 때보다, 각종 추측과 의심을 품고 있을 때 존경심이 더 크기 때문이다.

## 결단력 있게 행동하라
## 우유부단해서 일을 그르치는 경우가 매우 많다

결단력 있게 행동하라. 서툰 수행력보다 우유부단함이 더 구제불능이다. 흐르는 물이 고여 있는 물보다 덜 부패한다. 늘 결단을 못 내려서 누군가의 지시를 기다리는 사람이 있다. 혼란스러워서가 아니라, 명확히 판단해놓고도 추진력이 없어서 말이다. 문제점을 파악하는 것도 중요하지만, 더 중요한 건 돌파구를 찾는 일이다. 반면에 절대로 진퇴양난에 빠지는 일이 없는 사람들이 있다. 그들은 명쾌한 판단력, 단호한 결단력, 높은 지성으로 최고 지위까지 올라간다. 어디에 쐐기를 박아서 틈을 내고 일이 돌아가게 만들지 아는 것이다. 그들은 무엇이든 헤쳐나간다. 하나의 국면을 처리하자마자 곧바로 다음 상황에 돌입한다. 행운의 여신이 자신과 함께하니까 반드시 성공할 것이라고 확신한다.

## 올곧은 사람이 되라
### 사리사욕을 버리고 정의를 택할 수 있어야 한다

올곧은 사람이 되라. 확고하게 정의의 편에 서서, 대중의 광기나 전제 군주의 폭압에도 결코 정의의 선을 넘지 않는 사람 말이다. 대체 누가 그러한 정의의 불사조일까? 희소하다! 많이들 정의를 칭송하다가도, 위험이 닥치면 그만둔다. 그리고서 사기꾼들은 정의를 부정하고, 정치인들은 정의를 은폐한다. 왜냐하면 정의는 우정, 권력, 사리사욕과 상충되어도 밀고 나가야 하니, 버려질 위험이 크다. 약삭빠른 사람들은 상급자나 군주의 의중과 부딪치지 않도록 그럴듯하게 둘러댄다. 그러나 올곧고 일관된 사람들은 그 모든 시치미 떼는 행위들을 배반으로 간주하고, 현명하게 포기하기보다 끈질기게 밀고 나간다. 진실의 편에는 항상 그런 올곧은 이가 있다. 그런 자가 당에서 나온다면, 그가 변덕을 부려서가 아니라 당이 진실과 정의를 버렸기 때문이다.

## 장사꾼의 감각을 갖춰라
## 실용적인 지식이 있어야 일상을 살아갈 수 있다

상인의 면모를 지녀라. 삶은 생각이 전부가 아니라 반드시 행동이 수반된다. 대개 지혜롭다는 사람들이 잘 속는다. 비범한 사안들은 잘 알지만 일상을 처리하는 데는 미숙하기 때문이다. 숭고한 것들을 고찰하느라 일상사를 면밀히 들여다볼 시간이 없는 것이다. 그들은 모두가 당연히 아는 것들을 잘 몰라서 군중들에게 멍청이 취급을 받기도 한다. 따라서 현명한 사람이 기만당하거나 조롱거리가 되지 않으려면, 얼마쯤 거래 감각을 익혀야 한다. 비록 삶에서 최고로 가치 있는 일은 아니지만, 가장 필요한 일을 해낼 수 있어야 한다. 지식이 실용적이지 않으면 무슨 소용이 있는가? 게다가 오늘날 진정한 지식은 살아가는 방법을 아는 것이다.

# 실없는 농담을 일삼지 말라
# 진지한 논의 상대로 여겨지지 않는다

실없는 농담을 일삼지 말라. 지성은 재치를 발휘할 때보다 진지할 때 드러난다. 늘상 시시덕거리는 사람은 진지한 논의를 할 준비가 되어 있지 않다. 어떤 면에서는 거짓말쟁이를 닮았다. 하는 말마다 믿을 수 없으니, 한편으로는 익살이지만 다르게 말하면 거짓말인 것이다. 분별력이 있는 건지 없는 건지 종잡을 수가 없다. 게다가 농담만 계속해서야 더 이상 재미도 없다. 재치 있다는 명성은 얻을지 몰라도 이성적인 사람이라는 평가는 못 받는다. 농담이 진가를 발휘하려면 나머지 대부분의 시간에는 진지해야 한다.

## 끝장을 보려 하지 말라
## 즐거움도 지나치면 사라진다

끝장을 보려 하지 말라. 좋은 것이든 나쁜 것이든. 어느 현자는 무엇이든 적정선을 지키는 것이 미덕이라고 말했다. 맑은 물에는 물고기가 살지 않고, 오렌지를 지나치게 착즙하면 끝내 쓴 물이 나온다. 즐거움의 정도도 지나치면 안 된다. 정신이 너무 긴장하면 결국 둔감해진다. 잔인하게 짜내면 유익한 결과물 대신에 피가 흘러나온다.

# 매사에 약간은 대담하라
# 뭐든 상상하던 것보다는 시시하기 마련이다

매사에 약간은 대담하라. 그러려면 대단히 신중해야 한다. 남들을 의도적으로 좀 낮춰봐서 두려움을 없앨 필요가 있다. 상상력에 사로잡혀서도 안 된다. 개인적으로 알게 되기 전까지는, 대다수의 사람들이 엄청나게 대단해 보이기 때문이다. 막상 교류가 시작되면 더 존중하게 되는 경우는 거의 없다. 인간성의 한계를 뛰어넘는 위대한 사람은 좀처럼 없다. 다들 마음이든 머리든 어딘가에 결함을 갖고 있다. 그런데 상상력은 항상 앞서가서, 실제보다 훨씬 더 훌륭한 위엄을 부여하곤 한다. 상상력은 단순히 존재하는 것뿐만 아니라 존재할 수 있는 것도 상상한다. 수많은 속임수를 겪어가며 이성을 되찾은 사람은 자신의 고삐 풀린 상상력을 질책해야 한다.

## 선행은 작게, 가끔, 몰래 베풀어라
## 지나친 은혜는 마음의 빚이 되어 불편하다

선행을 베풀되, 조금씩 가끔이어야 한다. 절대로 되갚기 힘들 정도로 커서는 안 된다. 그건 선행을 베푸는 것이 아니라 환심을 사는 것이다. 또 남에게 빈틈없이 감사받기를 원해서도 안 된다. 상대방이 분수에 넘치게 받았다고 느끼면 교제를 끊을 것이기 때문이다. 많은 사람들은 지나치게 주려다가 다 잃어버린다. 수혜자들은 보답할 방도가 없으니 피하게 되고, 영원히 빚진 마음으로 지내느니 차라리 적대감을 품게 된다. 우상은 그를 만든 조각가를 결코 자신 앞에서 보고 싶어 하지 않듯, 수혜자도 눈앞에서 후원자를 마주하고 싶지 않다. 무엇을 줄 때 남이 갈구하되 부담이 적은 것을 주는 것이 훌륭한 수완이다.

# 잘못을 인정하라
## 사람들이 눈감아 주었더라도

아무리 지위가 높은 사람이라도 잘못이 있으면 인정하라. 악덕을 아무리 금과 비단으로 꽁꽁 싸매도, 정직한 사람은 그 사악한 본질을 알아본다. 노예제는 아무리 주군의 고귀한 관습으로 미화해도 여전히 비열하다. 악습이 힘을 얻을 수는 있지만, 그렇다고 고귀해지는 건 아니다. 위인들도 이런저런 수많은 결점들을 가지고 있지만, 그 결점들 때문에 그들이 위대함을 잃는 건 아니다. 위대한 이가 자신의 잘못을 둘러대며 그럴듯하게 포장하면, 아첨꾼들은 속아넘어간 척할 것이다. 하지만 아첨꾼들도 위대한 이들의 결점은 얼버무리고 넘어가주면서도, 미천한 자들에게서 같은 결점을 발견하면 혐오감을 드러낸다.

## 모두가 당신 책임은 아니나
## 당신은 당신 책임이다

모두를 책임지려 하지 말라. 그럴수록 노예처럼 얽매이게 될 뿐이다. 남들보다 더 좋은 운을 타고났다면 그만큼 더 베풀면 된다. 다만, 자유는 다른 모든 것을 포기해도 좋을 만큼 훨씬 더 소중하다. 그러니 남들이 기댈 수 있는 사람이 되는 것보다, 당신 스스로가 누구에게도 의존하지 않는 독립적인 인간으로 살아가는 것이 더 중요하다. 그럴 때 가장 좋은 장점은, 더 많은 호의를 베풀 수 있는 것이다. 특히 의무감을 호의와 헷갈리지 않아야 한다. 왜냐하면 대개 상대방이 의도적으로 의무감을 느끼게 하는 계략일 수도 있기 때문이다.

## 소수처럼 생각하고 다수처럼 말하라
## 생각이 자유라고 말도 자유롭게 해서는 안 된다

소수처럼 생각하고 다수처럼 말하라. 지배적인 여론을 거스르는 것은 자칫 위험해질 수 있어서, 소크라테스와 같은 자만이 시도할 수 있다. 다른 의견과 충돌하는 것을 모욕으로 생각하는 경우가 많은데 그 이유는 남의 판단을 저주하기 때문이다. 때로는 비난의 대상 때문에, 때로는 칭찬한 사람 때문에 성가신 일들이 벌어진다. 진리는 소수의 사람들을 위한 것이고 기만은 널리 퍼져 있다. 시장에서 떠드는 사람을 지혜롭다고 생각하지 않는다. 왜냐하면 거기서는 자신의 의견이 아니라 대체로 어리석은 의견을 이야기할 수밖에 없기 때문이다. 자신의 속내와 다를지라도 말이다. 현명한 사람은 섣불리 비난하지 않듯이 비난받는 일도 방지한다. 그래서 비난할 마음이 있어도 표현을 자제한다. 사고는 자유로워서 그에 대한 어떤 폭력도 일어날 수 없고 일어나서도 안 된다. 따라서 현명한 사람은 침묵의 성전으로 후퇴한다. 그리고 가끔 소수의 사려 깊은 사람들이 모인 작은 집단 속에서 의견을 표명한다.

## 체면에 관련된 문제들은 피하라
### 적극적으로 맞서는 것보다 피하는 것이 더 큰 용기다

체면에 관련된 문제들을 피하라. 가장 신경 써야 할 문제
에 속한다. 뛰어난 사람들은 항상 양쪽 극단으로부터 멀리
떨어져 있는데, 거기서 중간을 유지하기 때문에 문제가 생
겼을 때 해결책을 궁리할 시간이 있다. 그런 문제는 다행스
럽게 빠져나오는 것보다 아예 피해야 해결이 쉽다. 우리의
판단력이 의심받을 때도 역시나 정면으로 돌파하기보다 피
하는 것이 낫다. 또 일단 문제가 발생하면 계속 다른 문제들
이 줄을 잇기에, 결국 체면이 크게 손상될 수 있다. 성격이나
민족성 때문에 쉽게 체면치레에 몰두하는 사람들이 있다.
그러나 이성이라는 빛 속에서 움직이는 사람은 그런 사태를
좀 더 오래 숙고한다. 그는 유혹에 승리하는 것보다 관여하
지 않는 것이 더 큰 용기라고 생각한다. 그리고 유혹에 기꺼
이 응하는 바보가 있을지라도 그는 자신이 거기에 낄 마음
이 없는 것을 양해해달라고 말한다.

## 짧게 말하라
## 문제를 파악하지 못한 사람이나 말이 길다

지겹도록 말 많은 사람이 되지 말라. 번잡스럽고 말 많은 사람은 폐를 끼치곤 한다. 간결해야 매혹적이고 일할 때도 더 도움이 된다. 이때 공손하되 퉁명스럽진 않아야 한다. 좋은 일을 짧게 말하면 두 배로 좋은 일이 된다. 세부사항을 뒤죽박죽 늘어놓느니 문제의 핵심만 전달하는 게 더 효과적이다. 수다꾼들은 대부분 이해력이 부족하다는 사실은 유명한 진리다. 중심 주춧돌을 못 찾고 발부리에 채이는 돌멩이들만 늘어놓으니, 모두에게 방해만 된다. 그래서 현자들은 말을 많이 하지 않는다. 특히 위대한 사람들에게 부담을 주는 것을 피한다. 그들은 쉴 틈 없이 바쁜 삶을 영위하기 때문이다. 세상 사람들 전부를 성가시게 하는 것보다 위대한 사람을 귀찮게 하는 것이 더 나쁜 결과를 초래하기 때문이다. 좋은 말이란 간결한 말이다.

## 이빨을 드러낼 타이밍을 알라
## 용감해야 할 때 물러서면 살아도 죽은 삶이다

이빨을 드러낼 타이밍을 알아라. 죽은 사자의 갈기는 산토끼들도 물어뜯을 수 있다. 용기는 농담거리가 아니다. 한번 굴복하면 두 번째도 굴복하게 되고, 결국 끝까지 굴복해야 한다. 마지막에 가서야 승리하려고 해봐야 처음에 들였을 노력보다 훨씬 많이 고생해야 한다. 정신의 용기는 육체의 힘을 능가한다. 마치 잘 벼러서 칼집에 넣어둔 검과 같다. 그것은 인격을 지켜주기 때문에, 힘이 없을 때보다 용기가 없을 때 비참해진다. 많은 사람들이 비범한 능력을 가지고도 용기가 없어서 머뭇거리며 죽은 사람처럼 살다가, 흙속에 매장되어 사라졌다. 자연은 주도면밀해서 벌의 달콤한 꿀과 뾰족한 가시를 결합했다. 육체가 힘줄과 뼈를 갖고 있듯이, 정신도 마냥 무르기만 한 것이 아니다.

## 거절하는 법을 배워라
### 대답은 빨리 주되, 정중한 언사로 희망을 남겨두라

거절하는 법을 배워라. 누구에게든, 무엇이든 허용해서는 안 된다. 그것은 동의하는 법을 아는 것만큼이나 중요하다. 특히 권력자들에게 그런 주의가 필요하다. 중요한 건 방법이다. 아무리 다수가 수락해도 한 사람의 거절이 크게 느껴진다. 무미건조한 긍정보다 심리적으로 더 강력하게 와닿기 때문이다. 매사에 "싫어!"를 입에 달고 다니는 사람은 매사를 지겹게 만든다. 덮어놓고 싫다고부터 하면, 나중에 동의한들 이미 불쾌감이 생겼기 때문에 당신에게 도움이 안 된다. 딱 잘라 거절했다가는, 상대의 실망감이 점점 더 커진다. 끝끝내 거절해서도 안 되는 게, 관계가 아예 끝나기 때문이다. 한 조각 희망을 남겨서 거절의 톤을 누그러뜨려라. 정중한 태도로 보상하고, 멋진 말로 행위를 대신하라. 승낙이냐 거절이냐는 빨리 말해주되, 반드시 미리 길게 숙고한 후에 하라.

## 팔방미인이 되려 하지 말라
## 있는 힘껏 빛나다가는 금세 사그라든다

다 잘하려 하지 말라. 탁월한 자들이 흔히 저지르는 실수가, 능력을 과신해서 남용하는 것이다. 다들 탁월해지고 싶은 마음에 늘 힘겹다. 하지만 아무에게도 쓸모가 없다는 건 불행한 일이지만, 모두에게 쓸모가 있으려고 애쓰는 건 더 불행하다. 그랬다간 뭔가를 얻을수록 잃게 되니, 애초에 그를 찾았던 사람들에게 쓸모가 없어지기 때문이다. 팔방미인들이 탁월함을 잃게 되면, 처음에 높은 평가를 얻었던 몇몇 장점들을 잃고 평범하다고 경멸된다. 이러한 사태를 막으려면 당신의 빛을 조절하라. 원한다면 얼마든지 비범해지되, 표현할 때는 절제해서 평범하게 보여줘야 한다. 햇불을 활활 태울수록 빨리 사그라들다가 결국 꺼져버린다. 과시하는 걸 조금만 줄이면 더 큰 평판을 얻을 것이다.

## 윗사람의 비밀을 알려고 하지 말라
## 자신의 치부를 아는 당신을 미워하게 될 테니까

윗사람의 비밀을 알게 되면, 당신은 달콤한 과실을 공유했다고 믿겠지만 실상은 돌덩이를 얻은 격이다. 많은 사람들이 윗사람과 친밀해진 탓에 곤경에 처한다. 그가 당신에게 비밀을 말하는 건, 당신에게 호감이 있어서가 아니라 그저 마음이 편하고 싶은 것이다. 못생긴 얼굴을 보고 싶지 않아서 거울도 깨뜨리는데, 자신의 추한 본모습을 본 사람을 어떻게 좋아할 수 있겠는가. 그러니 권력자가 당신에게 부담을 느끼게 하면 안 된다. 당신이 지나치게 호의를 표하면 그런 사태가 벌어진다. 특히 친구 사이에서 위험하다. 비밀을 말한 후에 마치 자신이 상대의 노예처럼 느껴지기 때문이다. 군주라면 이건 견딜 수 없는 모욕이다. 그래서 잃어버린 자유를 찾으려고 무엇이든, 심지어 법과 이성까지 발로 짓밟을 것이다. 그러므로 비밀은 서로 듣지도 말고 말하지도 말라.

## 당신이 나쁜 선택을 하는 이유는
## 이성만 앞세우고 취향(판단력)이 없기 때문이다

잘 선택하는 법을 배워라. 삶의 대부분은 선택에 달려 있다. 선택을 잘 하려면 훌륭한 취향과 올바른 판단력이 필요하다. 학식과 이성만으로는 부족하다. 잘 선택한다는 건, 스스로 선택하되 최고를 고르는 것이다. 그런데 생산적이고 기민한 정신, 예리한 이성, 학식과 사리 분별력을 지닌 많은 사람들이 직접 선택한 결과로 인해 파멸한다. 마치 애초에 길을 잘못 드는 것이 목표였던 것처럼 가장 나쁜 것을 취하는 것이다. 그러니 제대로 선택할 줄 아는 것은 하늘이 준 큰 선물 중의 하나다.

## 자신에 대해 이야기하지 말라
### 자화자찬 아니면 자책이 되어버릴 뿐이다

당신 자신에 대해 이야기하지 말라. 자랑을 떠벌리면 허영으로 보이고, 자책을 하면 소심해 보일 뿐이다. 말하는 사람은 어리석어 보이고 듣는 사람은 괴롭다. 이런 행동은 사석에서는 물론이고 공적인 자리에서도 반드시 삼가야 한다. 특히나 대중 연설에서는 어리석음을 드러낼 때마다 비난을 받을 것이다. 또한 상대방에 대해 언급할 때도 똑같이 조심해야 한다. 이야기가 아첨 아니면 비난으로 흘러버릴 위험이 크기 때문이다.

# 지혜로운 이는 어리석은 척하고
# 어리석은 이는 지혜로운 척한다

어리석음을 이용할 줄 알라. 가장 위대한 현자는 때때로 어리석음을 이용한다. 종종 최선의 앎은 모르는 척하는 것이다. 무지하면 안 되지만 무지함을 과시할 줄도 알아야 한다. 바보들에게 지혜롭게 말하고, 현자들에게 어리석게 구는 건 도움이 안 된다. 모든 사람에게 그들 각자의 언어로 이야기하라. 어리석음을 과시하는 사람은 어리석지 않고, 어리석음으로 괴로워하는 사람이 어리석다. 어리석게 보이는 게 아니라 진정으로 어리석은 행위가 진짜 어리석은 일이다.

## 조급하게 살지 말라
## 삶은 기쁨보다 훨씬 긴 여정이다

　조급하게 살지 말라. 일을 분배할 줄 알아야 즐길 수도 있다. 많은 사람들이 삶이 끝나기 전에 운부터 바닥낸다. 그들은 즐거운 시기를 즐기지 못하고 행복이 사그라진 후에야 그 시절로 되돌아가고 싶어 한다. 높이 올라가려고 제멋대로 삶에 가속도를 붙여버린다. 일생에 거쳐 소화시켜야 할 것들을 하루에 성급하게 삼켜버리고 싶어 한다. 그들은 항상 삶의 기쁨을 지나치게 누려서 다가오는 세월을 달려가서 갉아먹는다. 결국 매사에 조급하게 서두르다가 모든 것을 너무 빨리 고갈시켜 버린다. 지식을 배울 때도 적당한 속도를 지켜야, 하나라도 더 잘 이해하고 습득할 수 있다. 살아가야 할 날들이 기쁜 날들보다 훨씬 더 많다. 그러니 삶은 천천히 누리고, 일은 빨리 하라. 일을 완수할 때 기쁨을 느끼지만, 기쁨이 지나간 후에는 후회가 밀려올 테니 말이다.

# 지혜로워서 죽는 바보가 되지 말라
## 바보처럼 죽는 이가 많은데 진짜 바보는 죽지 않는다

바보 병으로 죽지 말라. 지혜로운 이는 죽어서야 분별력을 잃는데, 바보는 분별력이 생기기도 전에 죽는다. 그런데 바보 병이란, 생각이 너무 많아서 죽는 것을 말한다. 어떤 사람은 생각하고 느끼는 게 너무 많아서 죽고, 어떤 사람은 생각하고 느끼는 게 없기에 산다. 둘 다 바보인 것이, 후자는 고통 없이 살아서 바보고, 전자는 고통으로 죽어서 바보다. 지나치게 분별력이 많아서 죽는 사람도 바보는 바보인 것이다. 한마디로 누구는 지혜로워서 죽고, 누구는 지혜가 없어서 산다. 안타깝게도 바보처럼 죽는 사람이 많지만, 진짜 바보들은 잘 죽지 않는다.

## 바보는, 자신은 바보가 아니고
## 다른 사람들이 바보라고 장담한다

바보처럼 보이는 자들은 모두 바보고, 바보처럼 보이지 않는 사람의 절반도 바보다. 세상에는 어리석음이 만연하고, 약간의 지혜가 있더라도 천국의 지혜에 비할 바가 못 된다. 그중에서 최고의 바보는, 자신은 바보가 아니고 다른 사람들이 전부 바보라고 믿는 자들이다. 지혜로워지려면 지혜로운 척만 해서는 부족하다. 무엇보다도 자기 자신을 속일 수가 없다. 자신이 안다고 생각하지 않는 자가 아는 자이고, 남들이 보는 걸 보지 못하는 자는 눈먼 자다. 그런데 세상이 바보들로 가득 차 있지만, 자기 자신이 바보라고 생각하거나 의심하는 사람은 단 한 명도 없다.

## 돈보다는 명예를 추구하라
## 그러나 명예욕의 '괴물'로 치닫지 않도록 경계하라

돈과 명예. 돈은 반짝이지만 명예는 지속된다. 돈은 사는 동안 생기고 명예는 나중에 생긴다. 돈은 사람들이 시샘하고 명예는 사람들이 잊지 않고 기억한다. 돈은 다들 갈망하는데 가끔은 그냥 얻기도 하지만, 명예는 스스로 획득하는 것이다. 명예를 갈망하는 것은 인간의 가장 높은 가치이기 때문이다. 그런데 명예의 여신Fama은 거인족의 누이여서 항상 극단으로 치닫곤 한다. 눈부신 천재가 되기도 하지만, 끔찍한 괴물까지 되어버리기도 하는 것이다.

## 지나치게 확신하지 말라
### 완전히 확신할 때조차 자세를 굽히는 편이 유익하다

아무것도 지나치게 확신하지 말라. 모든 바보들은 섣불리 확신한다. 그리고 확신하는 모든 사람은 바보다. 판단이 틀리면 틀릴수록 더 고집이 세진다. 완전히 확실해 보이는 일에서조차 자세를 조금 굽히는 편이 낫다. 왜냐하면 사람들은 이미 당신의 주장을 알고 있는 상태에서, 공손한 태도가 더 눈에 띌 것이기 때문이다. 승리를 통해 얻을 수 있는 것보다 고집스러운 주장을 통해 잃는 것이 더 크다. 승리라기보다 무례로 기억될 것이다. 대단히 설득하기 힘든 완강한 사람들이 있다. 그 고집에 변덕까지 추가되면, 그저 뻔한 바보로 취급될 뿐이다. 완고함은 의지에 필요한 것이지, 판단에 어울리는 태도가 아니다.

## 유쾌한 사람이 되어라
### 사람들은 유쾌하고 편안한 태도에 자석처럼 끌린다

유쾌함은, 절제가 된다면 흠이 아니라 재능이다. 유쾌한 기분은 줄줄이 전염된다. 위인들도 때때로 익살을 부리는데, 그러면 사람들이 좋아한다. 하지만 그때도 그들은 품위를 잃지 않고 예의를 지킨다. 또한 농담을 던져서 곤경에서 빨리 빠져나올 수도 있다. 때로는 가벼운 농담으로 받아넘길 일도 있기 때문이다. 누군가에게는 심각한 일일 수도 있겠지만. 이처럼 당신이 편안한 태도를 보이면 모두의 마음을 자석처럼 끌어당길 수 있다.

## 결코 자존심을 잃지 말라
### 가상의 철학자들이 아니라 스스로의 판단을 존중하라

결코 자존심을 잃지 말라. 스스로를 평범하게 만들지 말라. 당신 자신의 감정을 정직의 기준으로 삼아라. 외부의 이런저런 규정들보다 스스로의 판단을 더 엄격하게 들이대라는 말이다. 매우 엄격한 타인의 권위보다는 자신의 자존심에 더 경외심을 가져야 한다. 스스로 판단하라. 머릿속 가상의 철학자들이 간섭하게 내버려두지 말고.

# 상상력을 관리하라
## 행복을 갉아먹는 상상력도 있기 때문이다

때로는 바로잡고 때로는 부추기며, 상상력을 관리하라. 상상력이 행복을 좌우하고, 이성조차 다스릴 수 있기 때문이다. 한가하게 관조하는 것에 만족하지 않고, 전제군주처럼 영향을 끼치고 아예 삶까지 지배해버린다. 어리석음의 정도에 따라서 쾌락이나 슬픔으로 삶을 끌고 가버리는 것이다. 왜냐하면 상상력은 우리가 스스로에게 만족하게도 하고 불만족하게도 하기 때문이다. 어떤 때는 우둔한 자들을 곤혹스러운 채찍같이 내리치며 지속적인 고뇌를 유발한다. 어떤 때는 더없이 행복한 환상을 더해 삶을 행복하고 흥미진진하게 만든다. 아무리 현명한 이성이라도 상상력에 적절히 재갈을 물리지 못하면 앞의 두 가지 일이 모두 일어난다.

# 끝까지 완수하라
## '할 수 있지만 안 한다'는 핑계다

시작했으면 뒷심을 발휘해서 끝까지 완수하라. 초반에 모든 힘을 쏟아붓고 뒷심을 발휘하지 못하는 사람들이 있다. 반짝 아이디어만 내고 실행하지 못한다. 정신적 의지박약이다. 끝까지 해내질 못하니 아무 명예도 얻지 못한다. 한순간 딱 끝내버린다. 대개는 인내심이 없어서다. 보통 스페인 사람들이 조급한 성향인 반면, 벨기에 사람들의 장점은 인내심과 끈기다. 벨기에 사람들은 일을 끝내는 반면, 스페인 사람들을 그 일로 끝장이 난다. 초반에는 땀 흘려 어려움을 극복해내지만, 거기서 만족하고 그만둔다. 끝내 승리를 거두는 방법을 모른다. 말로는 항상 '할 수는 있지만 하고 싶지 않다'고 말하는데, 결국 그것은 그들의 무능력과 경솔함만 증명할 뿐이다. 좋아서 시도했으면서 왜 완수하지 않는가? 나쁜 시도였다면 애초에 왜 시작했는가? 현명한 사람이라면 무기력함이라는 야수를 죽여라. 잠시 들떴었다는 사실에 만족하지 말고.

## 중요한 사람인 척하지 말고
## 실제로 중요한 사람이 되라

많은 사람들이 아무 이유 없이 자신이 중요한 일을 한다는 주장한다. 그들은 박수갈채에 따라 변하는 카멜레온이어서 남들의 비웃음을 산다. 허영심은 어디서나 불편하지만 여기서는 특히 더 우스꽝스럽다. 그러한 명예의 개미들은 위업을 구걸한다. 과시하면 할수록 인정받기 어렵다. 그러니 어떤 행동을 하거든, 그 자체에 만족하고 남들이 뭐라고 평가하든 개의치 말라. 소신대로 행동해야지, 환심을 사려고 행동하지 말라. 점토판에 고대 현자들의 말을 적듯, 사람을 사서 당신의 활동에 과도한 찬사를 보내게 하지 말라. 영웅처럼 보이려고 애쓰지 말고, 영웅이 되려고 노력하라.

**2**

## 어떤 친구를
## 사귀어야 하는가

## 지인의 결점에 익숙해져라
## 오래갈 관계라면 반드시 그래야 한다

지인의 결점에 익숙해져라. 특히나 서로 의지하고 있는 관계라면 반드시 그래야 한다. 성격이 고약하지만, 함께 살아가야만 하는 사람들이 있다. 그래서 영리한 사람들은 그 고약한 성격에 익숙해져 버린다. 못생긴 얼굴도 자꾸 보면 정들듯이 말이다. 그러니까 상황이 급박해서 어쩔 수 없이 참는다는 식으로 생각하지 않는다. 처음에는 물론 경악하겠지만, 점차 충격이 사라지면서 미리 숙고해서 불쾌감에 대비하거나 견딜 수 있게 된다.

## 거절할 줄 알아야 한다
## 무리한 부탁을 수용하다 보면 친구를 잃는다

삶에서 거절하는 법을 아는 건 필요하다. 특히나 일이나 인간관계에서 적절히 거절할 줄 아는 것은 매우 중요하다. 소중한 시간만 좀먹는 엉뚱한 일들이 있다. 당신과 상관없는 일들에 얽매여 있느니, 차라리 아무 일도 하지 않는 것이 낫다. 당신은 남들을 방해하지 않도록 조심하려고만 하는데, 남들도 당신을 방해하지 않게 해야 하는 것이다. 모두를 배려하려다가 정작 자신을 전혀 배려하지 못하는 수가 있다. 친구 사이에도 그렇다. 서로의 배려를 남용하거나 지나치게 요구해서는 안 된다. 뭐든 지나치면 망치는데, 특히 인간관계가 그렇다. 적당한 선을 지켜야 호의와 존경이 유지되고, 소중한 감정이 닳아 없어지지 않는다.

# 사랑해도 거리를 두고 미워도 곁을 주어라
## 친구도 적도 영원하지 않다

오늘의 친구들을 신뢰하되, 내일은 그들이 적이, 그것도 가장 나쁜 적이 될 수도 있다고 생각하라. 실제로 현실에서 이런 일이 벌어지기 때문에, 미리 머릿속에서 대비해야 한다. 우정의 변절자들 손에 나중에 가장 처참한 전쟁을 수행할 무기를 쥐어주면 안 된다. 반면에 적들을 향해서는 화해의 문을 늘 열어두어야 한다. 그것이 고결한 관용의 문이라면 더 안전할 것이다. 너무 성급하게 복수했다가 지독한 고통에 빠지는 경우가 많다. 자신이 가한 악한 타격에 대한 통쾌함은 이내 슬픔과 절망으로 바뀔 것이다.

## 허물없이 지내지 말라
### 친밀함을 무례함으로 착각하는 사람이 많다

친밀한 관계를 조심하라. 이용하지도 말고 이용당하지도 말라는 말이다. 친밀해지면 상대에게 발휘했던 탁월한 영향력을 상실하면서 존경심도 잃는다. 별들은 멀리 떨어져 있기에 찬란하게 빛난다. 신성함에는 격식이 필요한데, 친해질수록 무시하게 된다. 자신을 더 많이 드러낼수록 불리해지는 것이 세상 사는 이치다. 말하지 않고 두어야 더 좋았을 온갖 이야기들을 쏟아낼 수 있기 때문이다. 그래서 너무 허물없이 지내는 것은 바람직하지 않다. 윗사람은 불쾌해 하고 아랫사람은 불편해 한다. 특히나 평범한 사람들은 어리석어서 무례해지는데, 상대의 호의를 의무로 착각하기 때문이다. 친밀함은 천박함으로 변질되기 쉽다.

## 트집 잡는 이들을 멀리하고
## 변명의 여지를 주는 이들과 어울려라

비난하지 말라. 사사건건 흠잡는 음울한 기질의 사람들이 있다. 악감정이 있어서가 아니라 그냥 천성이 그런 것이다. 매사에 악담이다. 이렇게 했다고 비난하고, 저렇게 할 거라고 저주한다. 잔인함 이상의, 비열함이다. 그들은 파편을 돌보로 둔갑시켜서 상대의 눈을 찔러댄다. 그들은 언제든 낙원도 감옥으로 만들 수 있는 감독관이다. 거기에 쓸데없는 열정이 더해지면 문제를 극단까지 몰아간다. 반대로 심성이 고귀한 사람은 상대가 잘못해도 항상 변명의 여지를 주면서, 정확한 용서는 아니더라도 최소한 과실을 눈감아준다.

## 열심히 배우려면 뛰어난 이들과 교류하고
## 재능을 펼치려면 평범한 자들과 어울려라

당신을 초라하게 만드는 사람과 어울리지 말라. 자질이 훌륭할수록 더 유명하다. 그 경우에 그가 항상 주역을 맡고 당신은 조역을 맡게 된다. 당신이 주목받을 때는 그가 없을 때뿐이다. 달은 별들 사이에 홀로 있을 때 밝게 빛난다. 해가 나오면 달은 빛나지 않거나 보이지 않는다. 영악한 여신 파불라도 이런 식으로 군신에게 돋보일 수 있었다. 시녀들에게 다 추하고 허름한 옷을 입혔던 것이다. 그러나 마찬가지로 나쁜 동료 때문에 위험에 처해서는 안 되고 스스로의 명성을 희생하며 다른 사람의 명예를 높여서도 안 된다. 당신이 아직 성장 중이라면 탁월한 이들에게 매달려야 하지만, 출세한 사람이라면 평범한 사람들과 어울려라.

## 배울 점이 있는 사람과 교제하라
## 친구가 스승이면 놀면서도 배울 수 있다

배울 점이 있는 사람과 교제하라. 우리는 타인과 교제하면서 지식을 얻고, 대화하면서 문화를 배운다. 그러니 친구들을 스승으로 여기고 담소의 즐거움과 학습의 이득을 균형 있게 섞어라. 영리한 사람들은 그렇게 한다. 말하면서 박수 갈채를 받고 들으면서 교훈을 얻는다. 우리는 보통 우리의 관심사와 맞닿아 있는 사람들에게 다가간다. 하지만 더 좋은 방법은 이것이다. 지혜로운 사람은 훌륭한 궁신들의 저택을 자주 방문하는데, 그곳이 허영심의 궁전이어서가 아니라 위대함이 녹아 있는 무대여서다. 거기 사는 군주들은 세상의 지혜가 탁월하다는 명성을 누리고 있다. 물론 그들 스스로가 고귀한 행동의 모범을 보이며 살고 있지만, 거기서 더 나아가서 그들을 둘러싸고 있는 무리들이 최고로 훌륭하고 고귀한 지혜의 궁정 학교를 형성하고 있기 때문이다.

# 들은 것을 다 믿지 말라
## 칭찬은 신중하게, 비난은 훨씬 더 신중하게 들어라

주의해서 들어라. 우리는 눈으로 본 것보다 귀로 들은 정보에 더 의존하며 살아간다. 그러나 귀는 진실의 옆문이며 거짓말의 정문이다. 진실이 왜곡되지 않고 제대로 들리는 경우는 드물다. 특히 멀리서 오는 진실은, 그 소식을 전달한 사람들의 다양한 감정이 담기며 십중팔구 왜곡된다. 열정은 건드리는 모든 것을 때로는 유리하게, 때로는 불리하게 그 색채로 칠한다. 항상 기분이 묻어오는 것이다. 따라서 칭찬하는 소리는 아주 신중하게 듣고, 비난하는 소리는 훨씬 더 신중하게 들어라. 전달자의 의도에 주의를 기울이고, 그보다 몇 걸음 앞서 생각할 줄 알아야 한다. 침착하게 숙고해서 과장되고 그릇된 것을 걸러내야 한다.

# 친구를 잘 선택하라
## 삶에서 중요한 선택인데도 대개는 우연히 만난다

친구를 잘 선택하라. 이성이 행운에 흔들리지 않는 친구가 필요하다. 따라서 친구는 호감을 넘어서 깊은 안목으로 선택한 사람들이어야 한다. 삶에서 가장 중요한 선택인데도, 사실은 제일 허술하게 이뤄진다. 우연히 만나는 것이다. 그렇지만 사람은 친구들에 의해 평가되니, 현자와 바보는 절대로 의견이 일치하지 않기 때문이다. 또한 취향이 비슷하다는 것만으로는 우정의 증거로 부족하다. 그것은 능력에 대한 신뢰보다 심심풀이 담소의 결과일 가능성이 크다. 가짜 우정은 즐거울 뿐이지만, 진짜 우정은 생각과 동기를 자극한다. 진짜 친구는 찾기 힘들고 대부분은 행복할 때만 같이 어울릴 친구들이다. 그런데 진짜 친구의 통찰력은 다수의 선의보다 유익하다. 따라서 친구를 우연히 만들지 말고 신중하게 선택하라. 현명한 친구는 성가신 일을 없애주지만, 어리석은 친구는 성가신 일을 만든다. 그러나 어쨌든 친구들에게 지나친 기대를 걸지 말아야 우정을 오래 간직할 수 있다.

## 행복한 사람을 가까이하고 불행한 사람은 피하라
## 불행은 전염성이 강해서 다른 불행이 뒤따라온다

행복한 사람을 가까이하고 불행한 사람은 피하라. 불행은 대개 어리석음에 대한 벌인데, 주변으로의 전파력이 전염병처럼 강력하다. 작은 불행조차 받아들여서는 안 되는 게, 반드시 더 큰 재앙이 따라들어오기 때문이다. 카드놀이에서 가장 중요한 기술은 패를 버릴 때를 아는 것이다. 지금 으뜸패인 제일 작은 카드는 이전에 으뜸패였던 제일 큰 카드보다 중요하다. 뭔가 의심스러우면 현명하고 신중한 사람들을 따르는 것이 제일 좋다. 어쨌든 그들이 조만간 최후의 승리를 거둘 테니까.

## 사소한 일은 내버려두어라
## 신경 쓰다가 문제만 키운다

별일 아닌 일을 문젯거리로 만들지 말라. 세상만사가 누구에게는 비방거리이듯, 누구에게는 골칫거리다. 그들은 매사를 부풀려 생각하고 진지하게 받아들여서, 분쟁거리나 비밀로 만든다. 골칫거리는 피할 수 있다면 피해야 한다. 흘려버려야 할 일을 마음에 새기는 것은 얼토당토않다. 중요한 일도 방치하면 별일 아닌 게 되고, 사소한 일인데 주의를 기울여서 문제가 커지기도 한다. 애초에 제쳐두면 쉬운데, 나중에는 그러기가 어렵다. 때로는 약이 병을 키운다. 그러니 내버려두는 것도 종종 필요하다.

## 자아도취적인 대화를 멈추고
## 상대방의 이야기를 경청하라

당신 자신만 경청하지 말라. 남들 마음에 안 들면 당신 마음에 들어도 소용 없다. 자신에게 도취한 대가는 경멸이다. 남에게 기울여야 할 신경까지 자신에게만 쏟는 격이다. 자기 마음을 말하면서 스스로 경청하는 건 잘 되지 않는다. 혼잣말이 우스꽝스럽다면, 남들 앞에서 자기 마음의 소리만 경청하는 모습은 두 배로 바보 같다. 대단한 사람들의 약점은, "내가 말했듯이"라거나 "맞죠?" 같은 말을 남발해서 청자들을 곤혹스럽게 하는 것이다. 매 문장마다 아첨과 박수를 받으려 들어서 현명한 사람들의 인내를 극단으로 몰아간다. 쩌렁쩌렁 울리게 젠체하며 말해봐야, 매 단어마다 "브라보!"를 갈구하는 대화는 곧 무너져내릴 것이다.

## 경쟁하지 말라
## 이겨봐야 상처뿐인 영광이다

경쟁하지 말라. 경쟁은 어쨌든 신뢰에 흠집을 내고, 그 틈에 경쟁자들이 비난을 쏟아부어 당신을 위태롭게 하며 기회를 잡을 것이다. 정직하게 수행되는 전쟁은 거의 없다. 경쟁자들은 예의상 숨겨줄 수 있는 잘못들까지 들춰서 폭로한다. 경쟁자가 없는 사람이 오래 명성을 유지한다. 경쟁이 과열되면 잊혀진 스캔들도 되살아나고 해묵은 잘못들까지 파헤쳐진다. 경쟁은 상대를 폄하하는 것으로 시작되었다가, 결국 허용되는 범위를 넘어서 할 수 있는 모든 수단을 총동원하게 된다. 그렇게 무기를 남용해도 목적을 달성할 수 없으면(대개는 그렇다) 적들은 이번에는 복수를 위해서 케케묵은 수치들에서 먼지를 떨어내고 들이민다. 호의적인 사람들은 늘 평온하다. 그들은 명성과 품위를 유지한다.

## 아무것에나 감탄하지 말고
## 진짜 고상한 취향을 길러라

취향을 높여라. 취향도 지성처럼 훈련되는 것이다. 지식이 많으면 흥미가 많아지고 기쁨도 커진다. 숭고한 정신은 취향도 고상하다. 위대한 정신이 만족한다는 건 대단한 일이다. 입이 크면 크게 베어물듯, 고귀한 정신은 고귀한 것과 어울린다. 그 앞에서는 가장 용감한 자도 떨고 가장 완벽한 자도 자신감을 잃는다. 이때 진짜로 고귀한 취향은 적으니, 아무것에나 감탄하지 말라. 취향은 교류를 통해 전달되기에, 고상한 취향을 가진 이들과 교류하는 것은 대단히 특별한 행운이다. 하지만 그렇다고 해서 매사를 불평해서는 안 된다. 그것은 아주 바보 같은 짓이고, 있는 척 허세를 부리는 건 돈키호테처럼 엉뚱한 것보다 더 혐오스럽다. 심지어 어떤 자들은 전능한 신이 또다른 세계와 우상들을 창조해서 자신들의 방탕한 환상을 만족시켜줬으면 하고 바라기도 한다.

# 비밀을 남겨두라
## 비밀이 하나도 없는 관계는 위험하다

우리는 자기 자신에게 속할 뿐, 그 어디에도 그 누구에게도 완전히 속하지는 않는다. 사랑, 우정, 혈연 등 아주 친밀한 관계들 사이에서도 그렇다. 전적으로 신뢰하는 것과 서로를 보살피는 것은 완전히 다르기 때문이다. 가장 친밀한 사이에서도 늘 비밀의 영역을 남겨두어야지, 안 그러면 우호 관계의 법칙은 파괴되고 만다. 친구 사이는 물론이고, 심지어 부모 자식 사이에도 항상 비밀을 남겨 두어야 한다.

## 매사에 좋은 면을 보아라
### 단 것을 모아야 꿀이 되고, 쓴 것을 모으면 독이 된다

매사에 좋은 면을 보는 것은, 좋은 취향을 가진 사람만 누리는 행운이다. 꿀벌은 꿀을 모으려고 단 것으로 달려들고 뱀은 독을 모으려고 쓴 것으로 달려든다. 취향도 마찬가지다. 좋은 사람은 좋은 면을, 나쁜 사람은 나쁜 면을 주시한다. 장점이 하나도 없을 수는 없다. 특히 책에는 생각할 거리가 무조건 담겨 있다. 그런데 많은 사람들이 수많은 장점들 속에서 단점 하나를 콕 짚어내서, 하이에나처럼 물어뜯는다. 이렇게 지성이 아니라 나쁜 취향에 의존해 찾아낸 과오들을 기록해간다. 쓰디쓴 것, 쓰레기 같은 것들만 주워먹는 참 슬픈 인생을 보낸다. 차라리 수만 가지 결점들 가운데에서 우연히 단 하나의 미덕을 발견하는 사람은 더 운이 좋다.

## 대화에서는 유창함보다 자제력이 더 중요하다
## 상대와 분위기에 맞출 줄 알아야 한다

대화의 기술을 터득하라. 대화 속에서 진짜 그 사람이 드러난다. 살면서 가장 흔한 행위지만, 이것보다 더 주의 깊게 살펴야 할 것도 없다. 대화를 통해 사람들은 점수를 따거나 잃는다. 서면 대화라고 부를 수 있는 편지를 쓸 때도 신중한데, 지성이 즉흥적으로 툭툭 튀어나오는 일상의 대화에는 얼마나 더 많은 주의가 필요하겠는가! 노련한 사람들은 혀에서 영혼의 맥박을 느낀다. 그래서 소크라테스는 이렇게 말했다. "말하라, 내가 당신을 알 수 있도록." 대화의 기술은 기술이 없는 것이라고 말하는 사람도 있다. 의복처럼 간결해야지 치렁치렁하면 안 된다는 말이다. 친구끼리의 대화는 그렇다. 그러나 중요한 사람들과의 담소에서는 더 격식을 갖춰야 한다. 상대방의 생각과 분위기에 맞춰야 하는 것이다. 또한 꼬투리를 잡았다간 꽉 막힌 사람으로 낙인찍힐 것이다. 세무소 직원처럼 계속 새로운 의견을 물었다간, 부담스러워서 피하거나 아주 생색을 내며 말해줄 것이다. 대화에서는 유창함보다는 자제력이 훨씬 더 중요하다.

## 쉽게 믿고 좋아하지 말라
## 거짓이 매우 흔하기에 믿음은 이례적이어야 한다

쉽게 믿지 말고 쉽게 좋아하지 말라. 정신이 성숙한 사람은 서서히 믿는다. 거짓말은 매우 흔하기 때문에, 믿음은 이례적이어야 한다. 쉽게 사로잡히는 사람은 나중에 모욕당한다. 하지만 한편 다른 사람의 말에 의심을 밝혀서도 안 된다. 말하는 사람을 사기꾼이나 기만자로 만들면 무례한 인간이라고 손가락질을 받을 것이다. 이뿐만이 아니라, 자신도 역시 신뢰받지 못할 사람으로 여겨질 수 있다. 그래서 듣는 사람은 판단을 자제하는 것이 현명한 일이고, 말하는 사람은 애초에 자신이 그렇게 판단하게 되었던 근거를 제시할 필요가 있다. 또 다른 경솔한 행동으로 쉽게 애정을 쏟는 것도 꼽을 수 있다. 왜냐하면 말뿐만 아니라 행위로도 기만당하기 때문이고, 사실 이것이 실생활에서 더 위험한 기만이다.

# 우정은 무던해야 한다
## 기분의 노예처럼 굴지 말라

교제를 깰 것처럼 굴지 말라. 특히나 우정에서는 더 무던
해야 한다. 지나치게 쉽게 인연을 끊는 사람들이 있는데, 인
내심이 부족해서다. 자기 자신이 모욕을 받았다고 상상하고
는 다른 사람들에게 불쾌감을 쏟아낸다. 눈에 보이지 않는
부분까지 예민하게 굴어서, 티끌같이 하찮은 부분에서도 발
끈한다. 가시적인 증거까지도 필요 없다. 그래서 그들과 교
제하는 사람은 늘 살얼음판을 걷듯 조심하며 그들의 기분
을 살펴야 한다. 표정도 세심하게 관찰해야 하는데 왜냐하
면 대단히 사소한 점조차 느닷없이 불쾌해 하기 때문이다.
대단히 자기 중심적인 사람, 기분 때문에 모든 것을 던져버
릴 수 있는 기분의 노예, 시시콜콜 꼼꼼하게 따지기 좋아하
는 사람인 것이다. 그러나 진짜 사랑의 마음은 단단하고 오
래 참는다. 그래서 어떤 경우에도 요지부동이다.

## 오랜 우정을 쌓아라
### 친구는 소금 같은 존재이니 많을 필요는 없다

　친구들을 이용한다는 건 대단히 신중해야 하는 일이다. 어떤 사람들은 가까이 있을 때보다 멀리 있을 때 더 좋다. 대화 상대로는 적합하지 않지만 서신 교환에는 아주 적합한 사람이 많은 것이다. 거리를 두면 가까이에서는 참을 수 없었던 몇 가지 실수가 희미해진다. 친구는 그냥 즐거운 것 이상으로 유용한 존재다. 그 자체로 좋은 세 가지 특징을 가졌기 때문이다. 신뢰, 호의 그리고 진리. 친구는 모든 면에서 누군가의 전부다. 그러나 좋은 친구가 될 수 있는 사람은 적고, 그들을 알아보고 친구로 선택할 줄 아는 사람은 더 적다. 우정을 유지하는 것은 친구를 사귀는 것 이상이다. 오랫동안 친구가 될 수 있는 사람들을 찾아라. 처음엔 좀 어색해도 시간이 흐르면 익숙해지니 안심하라. 최고의 친구들은 소금 같은 존재다. 황무지에 있는 것보다 친구들이 없는 것이 더 슬프다. 우정은 선을 키우고 악을 줄인다. 우정은 불행에 대항할 유일한 수단이고 영혼의 자유로운 호흡이다.

## 첫인상에 얽매이지 말라
### 섣부른 열정에 끌려다니면 첫인상의 노예가 된다

처음 듣고 본 것들을 철석같이 믿어버리고, 뒤따르는 정보들은 무시하는 사람들이 있다. 그러나 언제나 거짓이 앞서 오기에, 뒤따르는 진실은 묻히기 쉽다. 처음 목표만 고수하고, 첫 제안으로만 마음을 결정해서는 안 된다. 섣부른 태도다. 많은 사람들은 좋든 나쁘든 간에 처음 담겼던 와인의 향이 계속 배어 있는 오크통과 같다. 이 향이 계속 도드라지면 큰 문제인 게, 교활하게 속일 수 있기 때문이다. 나쁜 맘을 먹으면 얼마든지 맹신의 마음을 심어줄 수 있다. 그러므로 무엇이든 두 번씩 생각해야 한다. 알렉산더 대왕은 늘 상대편의 이야기를 들었고, 두 번째, 세 번째, 연이은 후속 이야기들도 챙겼다. 첫인상의 노예가 되는 건 능력이 부족하고 섣부른 열정에 끌려다니기 때문이다.

# 명예를 아는 사람과만 교제하라

명예를 아는 사람과는 서로 신뢰할 수 있다. 그들 자신의 명예가 그들의 처신을 확실히 보증한다. 그들은 오해가 있을 때조차 늘 품위를 고려해 행동하기 때문이다. 그래서 차라리 정직한 이들과 논쟁을 벌이는 게 낫지, 비열한 자들을 이겨 봐야 소용 없다. 타락한 자들과는 신뢰할 수 있는 교제를 할 수 없는데 그들은 정당성에 대해 의무를 느끼지 않기 때문이다. 진정한 우정을 쌓을 수 없고, 그들의 우정 표시들은 참되게 보일지라도 진심은 아니다. 명예를 모르기 때문이다. 그러니 명예감이 없는 사람들을 항상 멀리하라. 명예를 중시하지 않으니 덕도 중시하지 않기 때문이다.

# 제 맘대로만 하지도 말고
# 남들 말대로만 끌려다니지도 말라

자기 마음대로만 하지도 말고, 다른 사람 말만 듣지도 말라. 둘 다 독재자의 수법이다. 혼자 다 하려는 마음은 곧 전부 다 갖겠다는 마음이다. 그들은 조금도 양보하지 않고 자신들의 편안함을 조금도 희생하려고 하지 않는다. 그들은 좀처럼 신세를 지지 않고 자신들의 운만을 의지하기에, 그 운이 삐긋하면 그대로 무너져버린다. 그래서 때로는 서로 상대방의 말도 들을 줄 알아야 한다. 반대로 완전히 다른 사람 말만 듣는 사람들도 있다. 참 어리석은 태도고, 지독하게 불행한 태도다. 그들은 자신을 위한 시간이 없고 이미 모든 사람들의 종이라고 불릴 정도로 남들에게 끌려다닌다. 심지어 지식에 있어서도 남들을 위한 것만 챙기고 자신을 위한 것에는 무지해진다. 영리한 사람은 누군가 자신을 찾을 때, 자신이 꼭 필요해서가 아니라, 자신이 줄 도움과 이익이 필요하다는 것을 알아챈다.

## 불행을 함께 짊어져라
## 운명도 두 명을 함께 공격하려면 힘에 부친다

불행을 함께 짊어져줄 사람을 찾아라. 그러면 위험에 처하더라도 결코 외롭지 않고, 모든 증오를 혼자 떠맡지 않을 것이다. 지위가 높을 때 모든 성공의 영광도 홀로 누리다가, 나중에 모든 실패의 고통도 홀로 견뎌야 하는 경우가 있다. 그렇게 되면 딱히 미안한 사람은 없지만, 반대로 비난을 함께 견뎌줄 고마운 사람도 곁에 없는 것이다. 운명도 사람들도 두 명을 모두 공격하려면 힘에 부친다. 그래서 지혜로운 의사는 치료에 실패했을 때 관을 함께 운구해줄 사람을 찾는다. 고통의 무게를 나누는 것이다. 왜냐하면 혼자 있을 때 불행이 들이닥치면 두 배로 비참하고 힘겹기 때문이다.

# 성격을 알면 의도를 파악할 수 있다

상대방의 성격을 이해해야 그들의 의도를 파악할 수 있다. 원인을 알면 결과가 나오듯, 미리 성격을 알면 동기가 예측된다. 우울한 사람은 늘 불행을 예견하고, 험담꾼은 추문을, 악한 사람은 범죄를 예견한다. 왜냐하면 가장 나쁜 것만 떠올리니 현재의 좋은 것이 눈에 보일 리 없고 최악의 가능성만 상상하는 것이다. 열정적인 사람은 늘 실체가 아니라 그때그때 다른 모습을 묘사한다. 그의 이성이 아니라 그의 열정이 말하고 있기 때문이다. 이처럼 누구나 자신의 감정이나 기분에 따라 이야기하고 있어서, 진실과는 아주 동떨어진다. 그러니 표정을 읽고 영혼의 소리를 듣는 법을 익혀라. 항상 웃는다면 바보라서 그렇고, 결코 웃지 않는다면 가식적인 사람이다. 뒷얘기를 캐묻는 자를 주의해야 하는데, 수다쟁이거나 첩자이기 때문이다. 몰골이 추한 자에게서도 별로 좋은 것을 기대하지 말라. 그들은 대개 자연에 복수심을 품었기에, 자연에 경외심을 표하지 않는다. 반대로 미인의 경우에도 바보들과 별반 다르지 않게 행동한다.

## 가장 무르익은 적기를 파악해서 향유하라
## 과일이든 지식이든 제때 수확해야 그 가치를 발휘한다

가장 무르익었을 때를 파악해서 한껏 향유하라. 자연의 작품들은 모두 완벽한 절정에 도달한다. 그런 다음에 쇠락한다. 반면에 예술에서 더 이상 개선할 수 없을 정도로 완벽한 작품들은 극소수에 불과하다. 무엇이든 그 최상의 완벽한 절정에서 향유할 수 있으려면 매우 뛰어난 안목이 필요하다. 모두가 그렇게 할 수 있는 것도, 그 시점을 알아볼 수 있는 것도 아니다. 지성의 열매 또한 무르익는 절정기가 존재한다. 잘 활용하고 평가하려면 그 시점을 잘 알아차려야 한다.

# 남의 죄를 들추지 말라
# 그럴수록 자신도 오명을 얻을 뿐이다

남의 죄를 들추지 말라. 남의 치부를 들추는 것은 이미 오명을 입었다는 표시다. 자신의 오점을 타인의 오점들로 덮거나, 아주 지우거나, 혹은 그 속에서 위로를 구하려는 사람들이 있다. 몰상식한 짓이다. 그들의 숨결에서는 도시의 오물 섞인 하수구 같은 악취가 난다. 남의 치부에 매달릴수록 자신이 가장 많이 오염된다. 과실이 없는 사람은 없지만, 유명하지 않으면 잘 알려지지 않는다. 그러니 타인의 죄를 들추는 것을 조심해야 한다. 아주 무정한, 혐오스러운 인간이라는 고백이나 다름없기 때문이다.

## 실수를 떠벌릴 필요는 없다
## 고치려고 노력하고, 평판을 망치지는 말라

어리석음은, 실수를 저지르는 게 아니라, 그 실수를 감추지 않는 것이다. 때로는 좋아하는 것도 숨겨야 하는데, 실수는 말할 것도 없다. 현명한 이들은 실수를 감추려고 애쓰는데, 어리석은 자들은 실수를 떠벌린다. 누구나 과실을 범하기 때문에, 평판은 행동보다는 비밀 유지에 달렸다. 정직하게 살지 못했다면 특별히 더 조심해야 한다. 위인들의 과오는 개기 월식과 같이 감춰져 있다. 심지어 친구 사이에도 자신의 실수를 고백하는 경우는 거의 없다. 아니, 평소에는 되도록 생각조차 하지 않는 게 맞다. 또 하나의 위대한 삶의 규칙을 떠올려라. 잊을 줄도 알 것!

# 상대를 시험하라
## 나쁜 사람을 걸러낼 수 있다

시험할 줄 알라. 사악한 의도를 가진 덫을 알아채고 피하는 지혜가 있어야 한다. 타인을 헤아리기 위해서는 높은 지능이 요구된다. 잡초와 돌의 성질을 아는 것보다 사람의 기질과 성격을 아는 것이 훨씬 더 중요하다. 삶에서 가장 통찰력 있는 활동 중의 하나다. 두들겨서 나는 소리로 금속의 종류를 알 수 있듯이 말에서 사람의 내면을 알 수 있다. 그러니까 말로 정직성을 가늠할 수 있는데, 행위를 보면 더 많은 것을 알 수 있다. 이때 당연히 뛰어난 주의집중, 심도 있는 관찰, 세심한 이해, 그리고 올바른 판단이 필요하다.

## 상대에게 예의를 갖추면
## 부담감을 주어서 이익을 얻을 수 있다

상대방을 제대로 대우하면 많은 것을 얻을 수 있다. 그냥 감사에서 끝나는 게 아니라, 예절을 표시했을 뿐인데 감사의 의무를 지우는 것이다. 정직한 사람은 누군가에게 받은 것에 대해 더없이 무거운 의무감을 느낀다. 심지어 그들은 받은 것의 실제 가치와, 그때 느꼈던 정중함에 대해 두 배로 의무감을 느낀다. 반면에 천박한 자들에게 관대함이란 헛소리에 불과하기에, 좋은 양육의 언어를 이해하지 못한다.

## 결코 과장하지 말라
### 과장도 거짓말이기에 자칫 신뢰를 잃는다

결코 과장하지 말라. 최상급으로 말하지 않는 것이 주요한 목적이다. 그랬다가는 진실이 손상되고 이성이 하찮은 것으로 격하되기 때문이다. 과장은 판단력에 과부하를 가져와서, 정작 지식과 취향이 편협해진다. 칭찬은 생생한 호기심과 욕망을 불러일으키지만, 나중에는 보통 실제 가치가 칭찬에 훨씬 못 미쳐서 실망이 커지고, 결국 칭찬을 주고받은 양측이 모두 경멸의 대상이 된다. 신중한 사람은 어떤 일이든 신중하게 착수하고, 시시콜콜 말하느니 차라리 생략하고 입을 닫는다. 특출난 적은 거의 없으니 적절한 판단으로 조절해야 한다. 과장도 일종의 거짓말이기에 신뢰를 잃게 되고, 안목에 대한 명성도 잃는다.

# 남들과 어울려라
## 체면은 지키되 점잔 빼는 언행은 삼가야 한다

체면만 깎이지 않는다면 최대한 남들과 어울려라. 자신을 항상 중요한 사람으로 여기며 남들을 귀찮게 하지 않아야 한다. 이것이 멋진 태도의 핵심이다. 호감을 얻기 위해 품위를 좀 잃으면 어떠랴. 예의에 어긋나지만 않는다면 남들 다가는 곳에 간간이 따라가도 괜찮다. 남들 앞에서 사적으로 좀 우스꽝스러운 행동을 한들 분별력이 없다고 비판받지는 않는다. 하지만 살면서 내내 힘겹게 쌓아온 명예를 어느 즐거운 하루에 잃을 염려는 분명히 있다. 그래도 사람들과 늘 거리를 두어서는 안 된다. 홀로 있는 행위 자체가 남들을 비난하는 것으로 비쳐질 수 있다. 점잔 빼는 언행도 줄여라. 그런 건 아예 그런 부류들에게 맡겨라. 종교적인 거드름조차 우스꽝스럽다.

## 취향의 다양성을 이해하고
## 타인의 취향을 파악하라

　남의 취향을 파악하라. 괜히 이러쿵저러쿵 했다간 불편함만 초래한다. 정중함을 표하려다 도리어 불쾌감을 야기하는 사람들이 있는데, 취향의 다양성을 고려하지 못했기 때문이다. 누군가에게는 아첨인 것이 다른 누군가에게는 모욕이 된다. 그래서 종종 칭찬을 하려다가 불쾌하게 해서 혹독한 대가를 치르게 된다. 타인의 취향을 모르는데 그를 기쁘게 할 수는 없는 법이다. 그래서 칭찬하려는 의도였지만 실제로는 모욕을 해버리고 비난을 뒤집어쓴다. 또는 대화로 상대의 환심을 사려다가 수다로 상대를 질려버리게 만들고 만다.

## 사자 가죽이 없으면 여우 가죽이라도 써라
## 언제나 지혜로운 이들이 힘센 자들을 이긴다

사자 가죽(힘)이 없으면 여우 가죽(계책)이라도 써라. 계획을 관철해내는 사람은 결코 명성을 잃지 않는다. 힘으로 이룰 수 없으면 능숙한 수완으로 일을 해결해야 한다. 대담하게 큰길로 가든 은밀하게 술책의 샛길로 가든, 어떻게 해서든 가라. 힘으로 밀어붙이는 것보다 수완이 더 중요하기에, 현명한 이들이 용감한 자들을 이기는 경우가 그 반대보다 더 많다. 만약 그렇게 해도 해낼 수가 없다면, 그만 무시해버릴 시간인 셈이다.

## 말과 행동에서 당당하라

말과 행동에서 당당하라. 그러면 명성을 쌓고 존경을 받을 것이다. 당당함은 모든 면, 즉 교제, 말, 시선, 심지어 걸음에서도 나타난다. 남의 마음을 사로잡는 것이야말로 커다란 승리다. 당당함은 어리석고 뻔뻔한 태도에서 생기는 게 아니고, 진짜 매력과 우월한 능력을 가졌을 때 자연스럽게 나오는 품위 있는 권위에서 나온다.

# 보여지는 모습에 신경 써라
# 보여지지 않으면 인정받지 못한다

남들이 보게 행동하라. 상황은 실체보다 보여지는 모습으로 흘러간다. 실제로 유능한데, 그 유능함을 효과적으로 보여줄 방법까지 안다면 두 배로 유용하다. 보여지지 않으면 없는 것과 같다. 심지어 정의도 마찬가지다. 정의롭게 보이지 않으면 인정받지 못한다. 분별 있는 사람은 거의 없고 겉모습에 속는 사람이 대부분이다. 대중은 속임수에 현혹되어 슬쩍 모포로 덮어서 가려놓은 상황에 속는데, 많은 것들은 보여지는 것과는 아주 다르다. 그래서 외면을 잘 가꾸는 것은, 내면을 완벽하게 잘 보여주기 위한 최선의 방법이다.

## 삶의 자산을 곱절로 늘려라
## 넉넉하게 비축해두어야 불안하지 않다

삶의 자산을 두 배로 늘려라. 그러면 삶의 질이 배가된다. 언제나 하나에만 의존해서는 안 된다. 뭐든 두 배로 지녀야 한다. 특히 성공, 호의, 존경의 원인들은 반드시 그래야 한다. 달도 자주 그 모습을 바꾸듯 무엇이든 기한이 있는데, 하물며 가장 나약한 인간의 의지에 달려 있는 일들은 오죽하겠는가. 이러한 변덕스러움으로부터 자신을 보호하려면 현인의 경고대로, 선행과 능력을 곱절로 비축하는 것을 삶의 규칙으로 삼아야 한다. 자연이 팔다리처럼 위험에 노출된 신체 요소들을 전부 2개씩 주었듯, 성공과 행복을 위해 필요한 능력들을 곱절로 가져야 한다.

## 혀를 절제하라
### 혀는 야수와 같아서 고삐가 풀리면 통제가 안 된다

자제는 지혜의 가장 확실한 증거다. 혀는 야수와 같아서, 일단 고삐가 풀리면 통제가 안 된다. 혀는 영혼의 맥박이어서 현자들은 혀로 영혼의 건강을 가늠한다. 이 맥박에서 주의 깊은 사람은 마음의 모든 움직임을 느낀다. 가장 나쁜 것은 가장 많이 절제해야 하는 사람이 가장 덜 절제한다는 사실이다. 지혜로운 사람은 성가신 일과 어려움을 감수하고 자신에 대한 지배력을 보여 준다. 그는 신중하게 자신의 길을 간다.

## 상대의 마음에 들게 행동하라
## 상대가 주도하게 하다가 교묘하게 화제를 돌려야 한다

누구에게나 마음에 들도록 행동하라. 마치 프로테우스
Proteus처럼, 지식인들과는 지식을 논하고 성직자 앞에서는
성스럽게 행동하라. 이것은 모든 사람들을 얻기 위한 큰 기
술이다. 대개 의견이 일치하면 호의를 얻기 때문이다. 상대
의 분위기가 유쾌한지 진지한지 잘 살펴서, 제각각 맞춰라.
상대가 주도하게 하다가 교활할 정도로 매끄럽게 화제를 돌
려라. 아랫사람에게 꼭 필요한 기술이다. 하지만 매끄럽게
해내려면 고도의 영리함이 필요하다. 다방면으로 박학다식
하고 재치가 넘쳐야 자유자재로 구사할 수 있다.

## 무뚝뚝하게 굴지 말라

비사교적으로 행동하지 말라. 진짜 무서운 야수들일수록 대단히 사교적이다. 사교적이지 못한 것은 자신의 무지에서 기인한 잘못이며, 존경을 발로 걷어차는 행위다. 남에겐 못되게 굴면서 호의를 얻겠다니 어림도 없는 소리다. 으레 남들에게 거침없이 무례하게 구는 비사교적인 괴물들이 그렇게 행동한다. 불행히도 그들과 상대해야만 하는 사람들은, 인내와 두려움으로 무장하고서 호랑이와의 결전을 준비하듯 임한다. 그 지위에 도달하기까지는 노력해서 모두의 환심을 사지만, 일단 지위를 얻으면 모든 것을 걷어차고 마음대로 하면서 보상받으려 한다. 사실은 모두에게 헌신해야 하는 자리인데, 거만해서 혹은 반항심에서 아무에게도 헌신하지 않는다. 그들과 대응하는 가장 좋은 방식은 상대하지 않는 것이다. 그들이 발전할 수 있는 교제의 기회들을 없애서 도태시키면 된다.

## 탁월해지려면 먼저 시작하라

자신의 분야에서 일인자가 되는 것은 커다란 영예다. 거기에 탁월하기까지 하면 영예는 곱절이 된다. 능력이 비슷한 사람들끼리 경쟁한다면 선수를 치는 사람이 유리하다. 많은 경우에 먼저 시작했더라면 진정한 불사조가 되었을 것이다. 장자들이 상속권의 영예를 획득하고, 나머지들은 동생 몫만 받는다. 뭘 어떻게 해도 모방자라는 굴레를 벗어날 수 없다. 비범한 사람이라면 새로운 길을 개척해서 탁월해질 수도 있지만, 내내 신중해야 한다. 현자는 새로운 분야에서 당당히 이름을 남긴다. 또 많은 이들이 대단한 분야에서 이인자가 되느니, 소소한 부분에서 일인자가 되고자 한다.

## 자존감이 높은 사람이
## 타인도 도울 수 있다

　지혜로운 사람은 스스로 만족한다. 그런 사람은 행동할 때 대체로 자기 자신으로서 처신한다. 로마와 전 세계를 줄 수 있는 다재다능한 친구가 있다면 스스로 이런 친구가 되라. 그러면 혼자서 살 수 있을 것이다. 누구도 따라올 수 없는 지성과 취향을 가진 사람이라면 누구를 원하겠는가? 오직 자기 자신에게 의존할 것이고, 그렇게 우월한 존재가 되는 것은 최상의 축복이다. 이렇게 혼자 살 수 있는 사람은 많은 점에서 현자와 닮았고 모든 점에서 신과 유사할 것이다.

## 인정받는 직업을 가져라
## 대중의 눈에 띄어야 사랑받고 명예를 얻는다

인정받는 직업을 가져라. 대부분의 일들은 타인의 호의에 달려 있다. 산들바람이 꽃을 위해 불듯, 존중하는 마음이 있어야 재능이 꽃핀다. 삶의 숨결과 같다. 보편적으로 인기 있는 직업도 있지만, 더 중요한 일인데도 명성을 누리지 못하는 일도 있다. 전자는 모두가 보는 앞에서 수행되기 때문에 호의를 얻기 쉽다. 반면에 후자는 매우 드물고 귀중한 일인데도 뭔가 모호하고 잘 눈에 띄지 않기 때문에, 존경은 얻더라도 박수갈채는 받지 못한다. 군주들 중에서 승승장구하는 사람들은 정복자들이다. 그래서 아라곤의 왕들이 전사, 정복자, 위대한 자로 이름을 드높인 것이다. 유능한 사람은 모두가 알고 영향을 받기에 '환영 받는' 직업을 택할 것이고, 대중으로부터 불멸의 명예를 얻을 것이다.

## 내면만으로는 부족하다
## 사람들은 내면을 거의 보지 않기 때문이다

실제와 외양. 사물들은 실체보다는 보여지는 외양대로 간주된다. 내면을 보는 사람은 거의 없고, 대부분 생김새대로 본다. 참이 거짓이나 악처럼 보인다면, 실체가 참인 걸로는 부족하다.

## 지위를 과시하지 말고,
## 재능을 과시하라

당신의 지위를 과시하지 말라. 개인적인 매력을 발산하는 것보다 신분이나 품위를 자랑하는 게 더 모욕적이다. 유명 인사를 자처하면 미움을 받는다. 당연히 시기심이 일 테니까. 존경심을 갈망할수록 오히려 잃을 수밖에 없다. 왜냐하면 존경심은 그들의 의견에 달려 있기 때문이다. 그건 그냥 취할 수 없고, 노력해서 얻어내야 한다. 고위직에 앉으려면 남들을 호령하기에 충분한 권위가 있어야 한다. 권위가 없으면 의무를 제대로 이행할 수 없다. 그러니 필요한 명예를 획득하라. 존경을 강요하지 말고 노력해서 얻어라. 직책에 대해 야단법석을 떠는 사람은 그럴 만한 자격이 없고 품위가 그의 어깨에 너무 무겁다는 것을 스스로 드러내는 것이다. 당신의 가치를 관철하고자 한다면 우연을 기대하지 말고 재능을 잘 가꿔라. 왕조차도 그의 외적인 지배력이 아니라 그의 개인적인 재능으로 존경받기를 원한다.

## 다양성을 즐겨라

다양성. 여러 능력이 뛰어난 한 사람은 여러 사람에 맞먹는다. 자신이 느끼는 삶의 기쁨을 주변에 전해서 그들의 삶까지 풍부하게 만들기 때문이다. 다양한 능력은 삶을 즐겁게 한다. 세상의 좋은 것들을 습득할 수 있는 건 대단한 장점이다. 자연이 인간을 최고의 가치를 담은 최상의 존재로 만들었으니, 이제 인간이 이성과 취향을 훈련해서 예술로써 내면에 소우주를 창조해야 한다.

# 재능을 자랑하라, 하나씩 서서히

당신 자신을 자랑하라. 재능을 환하게 빛내라는 말이다. 각각의 재능이 빛날 적기가 다 따로 있으니, 그 시간을 이용하라. 모든 날이 승리의 날은 아닌 것이다. 작은 재능도 크게 부풀려서 화려하게 빛내는 사람들이 있다. 탁월한 재능에 자랑 능력까지 더해지면, 그 재능은 기적이라는 명성을 얻는다. 실제로 하늘은 재능과 함께 자랑하는 성향도 내려주었다. 재능만으로는 부족하기 때문이다. 물론 자랑에도 기술이 필요하다. 특히 잘난 체는 금물이다. 그것은 경멸을 부른다. 상스럽지도 과하지도 않게 적절해야 한다. 때때로 무언의 웅변에서 오히려 탁월함이 가감없이 느껴진다. 지혜롭게 감추는 것이 가장 효과적인 과시일 수 있기 때문이다. 감추면 사람들의 호기심이 고조된다. 그래서 재능들을 일시에 과시하지 않고, 하나씩 슬쩍슬쩍 내보여야 시간이 갈수록 더 큰 찬사를 받는다. 모든 성취는 더 큰 성취의 약속이니, 첫 성취에 대한 박수갈채에 이미 다음 성취에 대한 기대가 담겨 있다.

# 당신의 생각을 표현하라
## 명료하고 생생하게

표현할 줄 알아야 한다. 생각을 명료하면서도 생생하게 전달할 수 있어야 한다는 말이다. 생각은 잘하면서도 밖으로 꺼내는 걸 어려워하는 사람들이 있다. 그러면 정신(사고력과 판단력)이 성장하지 못하고 아이의 단계에 머물게 된다. 할 말이 많지만 표현력이 꽉 막혀 있는 사람도 있고, 반대로 생각한 것보다 더 많이 표현하는 사람도 있다. 그래서 의지의 결단력과 사고의 표현력, 이 두 가지 재능이 있어야 한다. 명쾌하고 명료하게 말하는 사람들은 박수를 받는다. 모호하게 말하는 사람들도 가끔 존경을 받는데, 아무도 그들을 이해하지 못해서다. 그래서 평범해지지 않으려면 모호하게 말한다면 가끔 허용될 수도 있겠다. 그러나 무슨 말인지 아예 감도 안 잡힌다면 그 사람을 어떻게 이해할 수 있겠는가?

# 호의를 낭비하지 말라
# 가장 큰 자산이다

큰 인연일수록 큰 기회를 위해서 존재한다. 그 커다란 신뢰를 하찮은 일에 써 버리면 안 된다. 얼마나 소모적인가. 신성한 닻은 늘 만약의 사태를 대비해서 보관해 두어야 한다. 자잘한 목표에 큰 자산을 남용한다면 나중에 무엇이 남아 있겠는가? 오늘날 호의보다 더 소중한 자산은 없다. 호의는 세계를 건설하기도 하고 파괴하기도 한다. 심지어 정신적으로도 호의를 주고받을 수 있다. 지혜로운 사람에게는 좋은 품성과 명예가 따르기에, 보통 행운의 여신의 시기를 받는다. 그래서 그 어떤 유무형의 재물보다 '권력자의 호의'라는 자산을 얻는 것이 더 중요하다.

# 친구를 많이 가져라
## 나의 행복을 빌어주는 사람을 매일 늘려가라

친구들을 가져라. 친구는 당신의 분신이다. 친구는 그냥 친구라서 좋다. 친구들 사이에 있으면 무슨 일이든 즐겁다. 모든 사람은 다른 사람들이 원하는 만큼 가치가 있다. 다들 그가 잘되기를 바란다면, 그가 그들의 마음을 얻었기에 가능한 것이다. 선행만 한 마법이 없다. 우정을 얻으려면 호의를 베풀면 된다. 우리 대부분은 남에게 의존하며 살아간다. 그 남들은 친구 아니면 적이다. 그러니 곧바로 친구는 못 되겠지만 나의 행복을 빌어주는 사람을 매일 찾아라. 계속 노력하다 보면 그들 중 몇과는 친구가 될 것이다.

*3*

## 적을 어떻게
## 상대해야 하는가

## 무시할 줄 알아야 한다
### 발끈할수록 당신은 불명예를, 적은 유명세를 얻는다

무시하는 것이, 당신이 원하는 것을 얻는 영민한 방법일 때가 있다. 열심히 추구할 때는 얻지 못하다가, 별 생각 없이 지낼 때 덜컥 손에 쥐는 경우가 많기 때문이다. 세상 만물은 영원한 것(실체)의 그림자이기에 그림자의 성질을 따른다. 따라가면 도망가고, 도망가면 따라온다는 말이다. 게다가 무시는 가장 현명한 복수이기도 하다. 현자들은 절대로 자신을 방어하는 글을 쓰지 않는다. 그랬다간 방어의 흔적이 남고, 적대자를 벌하기보다 오히려 기세를 높여주게 되기 때문이다. 위대한 사람을 적으로 삼아 악명이라도 얻으려는 게 한심한 자들의 수법이다. 갈등에 언급되지 않았다면 그 존재조차 몰랐을 자들이다. 그래서 망각이 최고의 복수다. 그들의 이름이 먼지 구덩이에 파묻힐 테니까. 비방을 잠재우는 방법도 그것을 언급하지 않는 것이다. 일일이 대응해봐야 당신은 불명예만 얻고 적에게만 이롭다. 명성이 아예 사라지진 않더라도 오점이 남아서 결코 지워지지 않는다.

## 일 처리 방식을 다양하게 하라
## 경쟁자의 예상을 늘 빗나가게 행동해야 한다

일 처리 방식을 늘 다르게 해야 상대의 주의를 흩뜨릴 수 있다. 특히 상대가 경쟁자라면 더더욱! 첫 번에 머리에 떠오르는 대로 실행하지 말라. 경쟁자들은 금세 획일적인 방식을 눈치채고, 앞질러 가서 좌절시킬 것이다. 직선으로 나는 새는 명중시키기 쉽지만, 곡선으로 날면 맞추기 어렵다. 그렇다고 늘 재고해보는 것도 좋은 방법은 아니다. 적들 역시 두 번째에는 간계를 알아차리기 때문이다. 적들도 항상 지켜보고 있으니, 그것을 뛰어넘는 교활함이 필요하다. 노련한 도박사는 절대로 적이 예상하는 카드를 내놓지 않고, 적이 원하는 카드는 더더욱 내지 않는다.

## 칭찬은 절반만 믿고, 이면의 암시를 파악하라
## 사람들은 항상 마음을 가장하고 의도를 숨긴다

　암시를 눈치챌 줄 알아야 한다. 예전에는 연설을 잘하는 것이 최고의 기술이었지만 더 이상은 아니다. 이제는 연설에 숨은 암시를, 특히 우리를 교묘하게 조종하는 수법을 알아채야 한다. 자신을 잘 이해하지 못하면 남도 이해하기 어렵다. 그런데 우리는 항상 마음을 가장하고 의도를 숨긴다. 그래서 우리에게 가장 중요한 진실은 늘 절반만 표명된다. 하지만 주의 깊게 살피면 숨은 뜻까지 완전히 파악할 수 있다. 그러니 호의적인 말을 들었을 때는 믿음의 문을 신중히 열고, 비호의적인 말에는 활짝 열어라.

## 상대가 움찔할 취약점을 찾아라
## 사람을 움직이려면 힘보다는 수완이 필요하다

상대의 취약점, 그러니까 상대가 움찔하는 버튼을 찾아내라. 이건 타인의 의지를 움직이는 기술로, 단호함보다는 능숙함의 영역이다. 상대에 따라 무엇을 자극해야 할지 아는 것이다. 우리는 자유의지를 가지고 있지만, 그 자유의지는 각자의 취향에 따라 특별한 동기로 움직인다. 누구나 우상을 좇는데, 그것이 누구는 명예이고, 누구는 사리사욕이며, 대부분의 사람은 쾌락이다. 개개인의 우상을 알아내서 다루는 것이 수완이다. 각자의 주된 동기를 알면, 그의 의지를 움직이는 열쇠를 쥔 셈이다. 그것은 고차원적이기보다 본능적이고 원초적인 경우가 많다. 이성적으로 잘 정돈된 사람보다 그렇지 않은 사람이 더 많기 때문이다. 우선 상대를 움직이는 열정을 알아내서, 한마디 말로 자극해서 동기를 부여한 다음, 그가 좋아하는 것을 도마 위에 올려 공격한다. 그러면 당신은 틀림없이 그를 지배할 수 있다.

## 아픈 손가락을 내보이지 말라
## 돌아오는 건 위로가 아니라 공격일 것이다

아픈 손가락을 내보이지 말라. 그랬다간 모두가 그곳을 칠 것이다. 아프다고 불평하지도 말라. 악의는 항상 상처를 낼 수 있는 약점을 겨냥한다. 화내봐야 소용없고, 더 놀리고 짜증나게 할 것이다. 악의는 고의로 상처를 찾아내 덧나게 하고, 화살을 날려서 격분하게 하고, 수천 개의 독침을 쏜다. 신중한 사람은 자신이 맞았다는 것도, 개인적이거나 타고 난 것이든 어떤 종류의 약점도 결코 드러내지 않는다. 왜냐 하면 때로는 운명조차도 가장 아픈 곳을 찌르기를 좋아하기 때문이다. 그러니 절대로 상처도 기쁨도 드러내지 말라. 그 래야 상처는 끝나고 기쁨은 지속될 테니까.

## 반감을 억제하라
### 타당한 반감이 아닌 경우가 많기 때문이다

종종 우리는 누군가를 제대로 알기도 전에 혐오해버리곤 한다. 때때로 그러한 선천적인 야비한 혐오가 가장 탁월한 사람들을 대할 때도 나타난다. 지혜가 그것을 통제해야 한다. 왜냐하면 우리보다 고귀한 사람들을 혐오하는 것은 최악이기 때문이다. 위인들에게 공감하면 우리 자신도 고귀해지고, 반대로 위인들에게 반감을 품으면 우리 자신이 보잘 것없이 격하된다.

## 빈정거림을 이용하라
## 잘 쓰면 상대의 마음을 꿰뚫어볼 수 있다

빈정거림을 이용하라. 이것은 인간관계에서 대단히 교묘한 기교다. 상대를 시험해보려고 던져서, 그들의 마음을 가장 섬세하게 꿰뚫어볼 수 있다. 하지만 자칫 잘못하면 그저 악의적이고, 무모하고, 시기라는 독에 오염된 해악이다. 예기치 못한 번개 같은 독설은 모든 호의와 존경심을 파괴한다. 그런 종류의 말 한마디에 타격을 받아 많은 사람들이 권력자나 대중들의 긴밀한 신뢰로부터 추락했다. 하지만 세심하게 골라진 말로 빈정댈 줄 안다면 오히려 명성이 강화된다. 다만 그때는 더욱 주의해서 결과를 예측하며 구사해야 한다. 나쁜 결과를 예측해야 제대로 방어할 수도 있고, 상대의 공격이 예측대로 들어오면 과녁을 빗나갈 테니 말이다.

# 이기고 있을 때 물러나라
# 행운의 여신은 금세 싫증을 낸다

이기고 있을 때 행운에서 물러나라. 최고의 도박사들은 그렇게 한다. 멋진 후퇴는 과감한 공격만큼 가치가 있다. 오랫동안 지속되는 행운은 의심해봐야 한다. 중단시키는 게 더 안전하고, 심지어 씁쓸한 맛이 섞여 있는 행운이 더 달콤하다. 행운이 더 높이 치솟을수록, 추락의 위험도 커지다가 결국에는 추락하고 만다. 종종 행운의 여신은 당신에게 단기간에 아주 집중적으로 베풀기도 하지만, 누군가를 오래 어깨에 태우는 것을 금세 싫증낸다.

## 난처한 상황을 만들지 말라
## 사사건건 시비를 거는 사람은 모두가 싫어한다

당신 자신이나 타인을 난처하게 만들지 말라. 자신과 타인의 품위를 손상시키는, 늘 무례한 사람들이 있다. 사람들은 쉽게 그들과 만났다가 불쾌하게 헤어진다. 그들은 하루에도 수백 가지의 성가신 일들을 만들어 낸다. 그들은 기분이 불편해서 모든 사람들에게 사사건건 충돌한다. 그들의 이성은 거꾸로 작동되는지 그 때문에 모든 것을 저주한다. 사람들이 가장 견디기 힘들어하는 시련이, 아무것도 이롭게 하지는 못하면서 모든 것에 대해 험담을 쏟아내는 사람이다. 이런 무례한 괴물들이 꽤나 많다.

# 걱정거리를 떠안지 말라
## 스스로 상심하는 것보다 상대를 실망시키는 게 낫다

걱정거리를 피하라. 그러한 신중함은 꼭 보상을 받는다. 나쁜 소식을 피하니, 안정과 행복이 피어난다. 뭔가 도움이 될 목적이 아니라면 나쁜 소식은 전하지도 말고 듣지도 말라. 누군가는 달콤한 아첨에만 귀를 기울이고, 누군가는 쓰라린 험담에만 관심이 있다. 한편 미트리다트 왕(매일 독을 조금씩 섭취해서 독에 대한 면역력을 길렀던 고대 그리스의 왕)이 독을 마시듯, 일상적인 분노 없이는 살 수 없는 자들도 있다. 아무리 가깝고 소중한 대상이라 해도 그 사람을 잠깐 기쁘게 하겠다고 한평생 곤란 속에서 지내는 삶을 살아서는 안 된다. 그저 조언 몇 마디 해주고 말 사람의 마음에 들려고, 남의 비위를 맞추고 자신에게는 고통을 주어서는 안 된다. '당신이 나중에 도움도 못 받고 상심하느니, 그가 지금 상심하는 것이 낫다.' 이것이 철칙이다.

## 아둔한 자는 친구를 이용하고
## 지혜로운 자는 적을 이용한다

적을 이용하라. 적의 칼을 잡되, 칼날을 잡아서 베이는 것이 아니라, 칼자루를 잡아서 해를 입지 않는 것이다. 그러려면 적의 행동을 파악해야 한다. 아둔한 자는 친구를 이용하지만, 현명한 사람은 적을 이용한다. 종종 적의 악감정은 이제껏 마주해보지 못한 수준으로 거대하다. 그래서 많은 사람들이 적 때문에 위대해졌다. 아첨이 증오보다 위험하기 때문이다. 증오가 쓸어버리려 버르는 결점을 아첨은 감춰버리기 때문이다. 현명한 사람은 호감보다 원망을 거울 삼아 계속 거론되는 결점을 없애고 개선한다. 코앞에 적과 위기가 닥쳐왔을 때 주의력은 극에 달한다.

# 미움 받지 않으려면
# 미워하지 말라

미움 받는 사람이 되지 말라. 누가 미움을 자처하겠는가. 그냥 애쓰지 않아도 저절로 미움을 살 때가 많다. 많은 사람들이 목적도 이유도 모른 채 제멋대로 누군가를 미워한다. 그들의 악감정이 상대의 선의를 앞지른다. 이득을 얻으려는 탐욕보다는, 그저 나쁜 본성에서 남에게 해를 입히고 싶은 마음이다. 모든 사람들과 관계가 나쁜 사람들이 있는데, 왜냐하면 남들을 귀찮게 하거나 남들을 귀찮아 하기 때문이다. 일단 미움이 뿌리를 내리면, 악평과 마찬가지로, 근절하기 어렵다. 그들은 지혜로운 사람은 두려워하고, 악한 사람은 혐오하고, 오만한 사람은 업신여기고, 조롱하는 사람은 경멸하고, 별난 사람은 무시한다. 그러므로 존경 받으려면 존경하라. 존중 받으려면 존중하라.

## 홀로 불평하지 말라
## 장점을 못 찾았다면 당신이 무능한 탓이다

모두가 좋아하는 것을 혼자만 배척하지 말라. 그렇게 많은 사람들이 좋아한다면 반드시 이유가 있다. 좋은 것은 설명될 수는 없지만 향유된다. 홀로 뛰면 늘 미움을 받고, 그 불평이 잘못된 것일 경우에는 조롱을 받는다. 당신이 비판하는 대상에게 해를 입히는 게 아니라, 스스로의 판단력에 대한 자신감을 잃고, 결국 안목이 없다는 오명과 함께 외톨이가 된다. 그러니 장점이 안 보인다면, 즉각 불평하지 말고 차분히 당신의 무능을 숨겨라. 보통 나쁜 안목은 무지에서 기인한다. 모두가 그렇다고 말하면, 실제로 그렇거나, 그들이 앞으로 그렇게 만들어갈 것이다.

# 진짜 강한 승자만이
# 적에게도 관용을 베푼다

고상한 심성을 가진 영혼은, 대범한 행동과 고결한 정신으로 결국 성품이 아주 찬란하게 빛난다. 고상한 심성을 가진 이는 찾기 힘드니, 정신의 위대함이 전제되어야 하기 때문이다. 그는 적을 칭찬하고 행동은 더 예의를 갖춘다. 이것은 복수할 기회가 왔을 때 진가를 발휘한다. 그 복수를 피할 뿐 아니라, 승리의 직전에 예기치 못한 관용을 베풀어 그 복수를 한층 더 통쾌하게 바꾸는 것이다. 이것이 최고의 정치이자 외교의 꽃이다. 그는 결코 승리를 과시하지 않는데 왜냐하면 아무것도 과시하지 않기 때문이다. 승리의 공을 얻어도 고상한 심성은 이를 감춘다.

## 책을 연구하듯 사람도 연구하라
## 인품을 제대로 보는 건 대단히 어렵기 때문이다

인품을 잘못 판단하는 것, 이것은 최악의 실수인데 사실은 가장 빈번히 일어난다. 상품을 구입할 때도 가격을 속은 것이 품질을 속은 것보다 차라리 낫다. 사람을 대할 때도, 그 무엇보다도 내면을 보아야 한다. 그런데 인간을 아는 것은 사물을 아는 것과는 차원이 다르다. 내밀한 감정들을 듣고 특징적인 성격들을 구별하는 것은 심오한 철학이다. 책을 연구하듯, 인간도 깊은 탐구가 필요한 것이다.

## 바보들을 인내하라
## 어리석은 사람들은 갈수록 더 늘어나기 때문이다

바보들을 참을 수 있어야 한다. 지혜로운 사람들은 늘 초
조하다. 역설적이게도, 지식이 늘어갈수록 무식한 사람들
을 견디기가 힘들어지기 때문이다. 게다가 큰 지성일수록
만족시키기는 더 힘들다. 에픽테토스는 '삶의 제1 원칙은
매사에 참는 것'이고, 그것이 지혜의 절반이라고 말했다.
온갖 바보짓을 참아내려면 커다란 인내가 필요할 것이다.
사실 우리는 가장 크게 의존하는 사람들을 가장 많이 참아
내야 하는데, 이것이 매우 유익한 자기 절제 훈련이다. 참
으면 평화가 이뤄진다. 이루 말할 수 없이 소중한 세계 평
화가 말이다. 그러니 인내할 자신이 없는 사람은 그냥 자신
안으로 물러나 은거하라. 물론 거기서조차 자기 자신을 참
고 견뎌내야 하겠지만.

# 가장 잦은 실수를 지금 당장 멈춰라

자신이 자주 범하는 실수를 파악하라. 아무리 완벽한 사람도 그런 약점은 있는데, 고집을 부리는 정도일 수도 있고 불법적인 범위일 수도 있다. 대체로 정신적인 실수들이고, 위대한 지성일수록 범하는 실수도 더욱 크거나 눈에 띈다. 그런데 스스로 자각하지 못하면 그나마 덜 나쁜데, 오히려 그 결점을 사랑하고 고집한다면 곱절로 악한 것이다. 불가피한오류에 끌리는 비합리적인 열정! 이것은 완벽성에 오점이 된다. 당사자가 즐거운 만큼 다른 사람들은 불쾌감을 느낀다. 그 결함을 제거하고 자신의 나머지 다른 장점들을 발휘하는 대담한 자기 극복이 필요하다. 왜냐하면 당신의 적들은, 사람들이 당신에게 경탄하고 좋은 일을 칭찬할 때는 꾹 참았다가, 이 오점을 보면 그 밖의 재능들까지 폄하하려고 모략하기 때문이다.

## 윗사람을 이기려 들지 말라
## 그들은 도움은 받아도 추월은 용납하지 않는다

윗사람을 넘어서는 것을 조심하라. 모든 우월함은 미움을 부르고, 특히 윗사람을 뛰어넘는 것은 어리석고 치명적인 행동이다. 우월함은 언제나 시샘의 대상이 되는데, 우월함이 커질수록 더욱 그렇기 때문이다. 신중한 사람은 평범한 이들이 내세우는 장점들을 감춘다. 예를 들어 아름다운 외모를 너절한 옷으로 덮는다. 그런데 행운이나 성격 같은 부분은 기꺼이 양보해도, 지성만큼은 절대로 우위를 양보하지 않는다. 특히 윗사람이라면. 왜냐하면 지성은 지도자의 최고 품격이기에, 그것을 공격받으면 대역죄로 간주하기 때문이다. 윗사람들은 다른 사람들의 도움은 받아도, 그들이 자신들을 능가하게 놔두지는 않는다. 따라서 그들에게 조언하려면, 그들이 미처 몰랐던 것을 알려주는 것이 아니라, 아는데 잠시 잊고 있어서 기억나게 도와준다는 듯이 건네야 한다.

## 복수하고 싶다면 포용하라
## 명예를 얻으면 상대를 영원히 괴롭힐 수 있다

경쟁자와 적대자들에게 승리하려면, 그들을 경멸하는 것으로는 부족하다. 핵심은 대담한 포용력이다. 당신에 대해 험담하는 무리들을 감싸는 자를, 칭찬하라. 시기하는 무리를 재능과 매너로 굴복시키는 것보다 더 영웅적인 복수는 없다. 당신의 성공할 때마다 불평분자들의 목에 걸린 밧줄이 옥죌 테고, 적의 영예에 경쟁자는 지옥 같을 것이다. 이것은 최고의 중형인데, 왜냐하면 행복에서는 독이 흘러나오기 때문이다. 적은 한 번만 죽는 게 아니라, 당신이 박수갈채를 받을 때마다 몇 번이고 죽는 것이다. 불멸의 명예를 얻음으로써 적을 영원히 괴롭힐 수 있다. 당신이 영원히 존경받을 때 그는 끝없이 고통받을 테니까. 영예의 나팔은 승자에게는 영원히 울려 퍼지고, 패자에게는 교수대의 밧줄로 죽음을 선언한다.

## 잃을 게 없는 사람과 다투지 말라
## 이겨도 지는 싸움이 될 게 뻔하다

잃을 것이 없는 사람과 다투지 말라. 당신에게 불리한 싸움이 될 테니 말이다. 상대야 아무 걱정 없이 싸움에 임한다. 모든 것을, 심지어 수치심까지도 잃은 자라서 뭔가를 잃을 염려가 전혀 없는 것이다. 그래서 지독하게 막돼먹은 행동도 서슴지 않는다. 당신의 좋은 평판을 그런 지독한 위험에 내걸면 안 되는데, 수년에 걸쳐 쌓은 명성을 잃는 건 순식간이기 때문이다. 아주 경미한 모욕성 발언에도 당신의 모든 노력이 물거품이 되어버릴 수 있다. 명예와 책임을 아는 사람은 평판이 높기에 잃을 것도 많다. 그래서 자신의 상대의 명성을 모두 고려한다. 그는 논쟁에 신중하게 착수하고 용의주도하게 진행해서, 일이 잘 안 풀리면 후퇴해서 명성을 안전하게 지킬 여지를 마련해둔다. 왜냐하면 다툼의 과정에서 잃어버린 위신은, 비록 승리를 거뒀더라도 되찾지 못하기 때문이다.

## 경쟁자의 유력한 행동만 따라하지 말고
## 자신만의 새로운 가능성을 개척하라

경쟁자의 행동을 따라하지 말라. 어리석은 사람은 결코 현명한 사람이 잘했다고 할 만한 행동을 하지 않는데 왜냐하면 장점을 찾아내지 못하기 때문이다. 반면에 신중한 사람은 남이 발표했거나 수행했던 계획을 되도록 따르지 않으려 한다. 당신은 문제를 양쪽 관점 모두에서 철저히 검토해봐야 한다. 완전히 뒤집어서 샅샅이 살펴봐야 한다. 판단은 사람마다 다를 것이다. 단, 결정하기가 어렵다면, 누구라도 택했음직한 쪽이 아니라 새롭게 해볼 가능성이 있는 쪽을 택하라.

## 간계를 쓰되 남용하지 말라
## 일을 잘하려면 속임수도 필요한 법이다

간계奸計(간사한 꾀)는, 사용하되 남용하지 말라. 즐겨서
도 안 되고, 자랑은 더더욱 안 된다. 모든 인위적인 기교는
철저히 감춰야 하는데, 발각되었을 때 미움을 받기 때문이
다. 그래서 발각되지 않도록 곱절로 주의해야 한다. 왜냐하
면 속임수가 들통나면 불신이 생기고, 분노가 일고, 복수심
이 깨어나며, 당신이 상상했던 것 이상으로 나쁜 일들이 일
어나기 때문이다. 그래서 매우 신중하게 실행되어야 하며,
역설적으로 이것만 한 지혜의 증거도 없다. 무언가를 확실
하게 수행하려면 완벽한 기교가 반드시 필요하다.

## 명예롭게 싸워라
### 절대로 우정과 신뢰를 배신해서 이기려들지 말라

명예로운 싸움을 싸워라. 어쩔 수 없이 싸우게 되더라도 독화살은 쏘면 안 된다. 당당하게 대처해야 하며 남들이 원하는 대로 끌려가서는 안 된다. 삶이라는 전쟁터에서 용맹함은 찬사를 받는다. 힘뿐만 아니라 가능한 모든 수단을 동원해서 싸워 이겨야 한다. 하지만 비열한 승리는 영광이 아니라 오히려 패배다. 세상은 언제나 명예를 높이 산다. 명예로운 사람은 결코 금지된 무기를 사용하지 않는다. 증오를 부추기기 위해 우정을 이용한다든지 하는 방식 말이다. 절대로 복수에 신뢰를 이용해서는 안 된다. 배신의 냄새가 조금만 나도 명예가 더럽혀진다. 명예로운 사람은 아주 작은 저열한 흔적에도 반발한다. 고상한 영혼과 비열한 영혼은 서로 멀리 떨어져야 한다. 용기, 관용, 신의가 사라진 세상에서도, 당신 가슴속에는 여전히 살아 있노라고 자랑스럽게 선포하라.

## 거짓말은 나쁘지만
## 진실만 말해서도 안 된다

거짓말을 하지 않아야 하지만 모든 진실을 말하지는 말라. 진실보다 신중함을 더 많이 요구하는 것은 없다. 진실은 마음의 손실이다. 진실을 말하는 것은 진실을 숨길 줄 아는 것만큼 어렵다. 사람들은 하나의 거짓말을 통해 완벽한 명성을 상실한다. 기만은 범죄로 간주되고 사기꾼은 그릇된 것으로 간주되는데 그것은 더 나쁘다. 모든 진실을 말할 수는 없는데 어떤 사람들은 자기 자신 때문에, 또 어떤 사람들은 다른 사람들 때문에 모든 진실을 말할 수는 없다.

## 타인의 결핍을 이용하라
## 정치가들이 써오던 전략이다

결핍이 클수록 압박감도 크게 느끼게 된다. 철학자들은 궁핍쯤은 아무것도 아니라고 말하지만, 정치가들은 전부라고 생각했다. 정치가들이 맞았다. 많은 사람들은 타인의 소망을 이용해서 차근차근 자신의 목적을 달성해갈 줄 안다. 그들은 그 기회를 이용해서 철학자들을 감질나게 하여 욕망을 자극한다. 미온적인 소유보다 동경의 열정이 더 많이 약속한다. 목적을 달성하기 위해 다른 사람들을 예속할 줄 안다는 것은 아주 훌륭한 일이다.

# 너무 정중한 태도를 경계하라

너무 정중한 태도를 경계하라. 정중함은 일종의 기만이기 때문이다. 남들이 아첨하며 자신 앞에서 모자를 벗는 것만으로도 우쭐한 바보들은 매료된다. 명예의 표시는 그들의 주화이고 그들은 미사여구로 관심을 지불한다. 모든 것을 약속하는 사람은 아무것도 지키지 않는다. 그러니 약속은 바보들에게 함정이다. 진정한 정중함은 의무이고 과시된 정중함, 특히 사용되지 않는 정중함은 기만이다. 정중함은 예절의 문제가 아니라 다른 사람들을 예속하는 수단이다. 그들의 절은 인격이 아니라 비위 맞추는 데 관련되고 그들의 아첨은 탁월성의 인식이 아니라 이익의 소망에 관련된다.

# 반대하는 사람에게 귀 기울이고
# 찬성만 하는 사람은 경계하라

일상적인 관점에서 벗어나 독창적으로 생각하는 능력이야말로 우월하다는 표시다. 당신에게 절대로 반박하지 않는 사람을 높게 평가하지 말라. 왜냐하면 그가 당신이 아니라, 자기 자신만 사랑한다는 뜻이기 때문이다. 아첨에 속았다가는 반드시 대가를 치러야 하니, 아첨꾼은 버리는 게 낫다. 게다가 그런 자들, 그러니까, 좋은 것들에 대해 험담을 일삼는 이들에게는 오히려 비난을 당하는 것이 명예로운 일이다. 반면에 당신이 하는 일들이 모두의 마음에 든다면 곤란하다. 모두가 좋아한다는 건, 별 쓸모가 없다는 뜻이기 때문이다.

## 당신을 이용해서
## 자기 문제를 덮는 자를 조심하라

　자신의 문제를 덮으려고 남의 문제를 부각시키는 사람을 조심하라. 간계에 대항하는 최선의 보호벽은 주의하는 것뿐이다. 상대의 의도를 빈틈없이 살펴라. 많은 사람들이 자신들의 문제를 떠넘긴다. 당신이 그들의 숨은 의도를 찾아내지 못한다면, 언제라도 큰 상처를 입을 위험을 무릅쓰고 지내야만 하는 것이다.

## 바보들까지 책임질 필요 없다
## 오히려 그들을 멀리하지 않는다면 바보다

어리석은 자들까지 책임질 필요 없다. 바보를 알아보지 못하는 자는 그 자신이 바보다. 그들을 알아보면서도 멀리하지 못하는 사람은 더 바보다. 그들과의 동행은 위태롭고, 친밀한 교제는 아예 불가하다. 자신들이 각별히 주의하고 남들도 신경 써서 한동안 교제가 유지되더라도, 결국에는 오랫동안 참아왔던 어리석은 언행이 한꺼번에 터져나오고야 만다. 자신들도 가지지 못한 명성을 누군가에게 줄 수 있을 리 만무하다. 그들은 매우 불행한데 이것은 바보스러움에 응당 따라오는 숙명이다. 딱 한 가지 단점이 아닌 점은, 비록 현명한 자들에게 직접적인 도움은 되지 못하지만, 일종의 경종을 울려 경고해주는 역할로서는 매우 가치있다는 사실이다.

# 숨은 의도를 가지고 접근하는 사람을
## 주의하라

숨은 의도를 가지고 접근하는 사람을 주의하라. 공격하기 전에 방심하게 만들어서 굴복시키는 것이 협상가들의 술책이다. 그들은 목표를 이루려고 진정한 의도를 숨긴다. 후방에 숨어 있다가 마지막 순간에 전면으로 나선다. 이 방법은 들키지만 않으면 거의 성공한다. 따라서 의도가 명백해졌을 때는 경계를 늦춰서는 안 된다. 누군가 의도를 숨긴다면 그가 내미는 구실들을 살펴봐야 한다. 보통 그는 취하려는 것 대신에 다른 쪽을 제안했다가, 갑자기 교묘하게 방향을 틀어서 진짜 의지를 관철하려고 한다. 그 때문에 사람들이 그에게 무엇을 양보하는지를 알아야 한다. 그리고 때때로 '네 의도를 안다'는 사실을 그에게 암시하는 것이 바람직하다.

# 무례한 자들은 정중하게 피하라

무뢰한, 배신자, 건방진 자, 기타 모든 어리석은 자에게 단호하라. 이 세상에는 그런 사람들이 넘치고, 그들과 맞서싸우지 않고 피하는 게 지혜로운 처신이다. 매일 아침 숙고라는 거울 앞에서 마음가짐을 가다듬어라. 늘 준비되어 있으면, 어떤 불상사가 생겨도 평판을 해하는 일은 생기지 않을 것이다. 지혜로 무장하되 조급함을 버려야 할 것이다. 타인과 교류하는 길은 명성을 거꾸러뜨릴 수 있는 돌부리들로 가득 차서 지나다니기가 어렵다. 샛길을 마련하고, 모험가 오디세우스처럼 새로운 항로를 개척하는 게 지혜로운 방법이다. 일부러 못 본 척하는 것도 대단히 유익하다. 결국에는 정중한 태도가 이 난관을 벗어나는 유일한 올바른 길이다.

## 결코 절교하지 말아라
## 친구가 돌아서면 최악의 적이 된다

결코 절교하지 말아라. 반드시 당신의 명성에 금이 가기 때문이다. 한 사람 한 사람 모두가 소중한 존재다. 친구로서는 물론이고, 친구가 아니라 적으로서도 말이다. 사실 호의적인 이는 거의 없고 거의 모두가 해를 입히려 하고 있다. 제우스의 독수리조차 딱정벌레와 다툰 날에는 지상에 안전하게 내려앉아 쉴 수가 없다. 발톱을 감춘 공공연한 적들이 매복하고서, 증오의 불씨를 키울 기회를 염탐한다. 친구가 돌아서면 최악의 적이 된다. 그는 자신의 실수를 은폐하려고 남들 앞에서 당신의 실수를 폭로할 것이다. 누구나 자기에게 보이는 대로 이야기하고 자기가 원하는 대로 본다. 그래서 처음에는 선견지명이 부족하다고, 나중에는 인내가 부족하다고, 시종일관 사려깊지 못하다고 질책한다. 하지만 분열이 불가피하다면, 이 느슨해진 우정에 분노를 표출할 것이 아니라, 차라리 사과하고 미온적인 우호 관계를 유지하라. 여기서 '아름다운 이별'이라는 유명한 명제가 탄생했다.

## 배포가 큰 사람으로 행동하라
## 큰 직분도 충분히 감당할 사람으로 보여야 한다

큰 행운도 소화할 수 있어야 한다. 지혜를 몸으로 비유해 본다면 위장의 크기가 절대로 하찮은 요소가 아닌 것이, 큰 소화력의 역할이 크기 때문이다. 큰 행운을 맞았을 때 소화력이 큰 사람은 당황하지 않는다. 누군가에게는 과식이 되는 양이 다른 누군가에게는 여전히 굶주림이기도 하다. 많은 사람들이 소화력이 약하기 때문에 탈이 난다. 고위직을 감당할 정도로 타고나지도 않았고, 훈련되지도 않은 작은 위장 때문이다. 그들은 곧 산에 부딪치며, 부당한 명예에서 피어나는 연기로 머리가 어지럽고, 결국 높은 곳에서 추락할 위험에 처한다. 하지만 그들은 적당한 착륙 지점을 찾지 못한다. 그들 내면에 행운이 설 땅이 없는 것이다. 따라서 위대한 사람은 자신이 더 큰 일도 감당할 여지가 있음을 보여 주어야 하고, 소심함을 내비치는 행동은 절대로 피해야 한다.

## 불행을 동정하되
## 선의를 이용당하지는 말아라

결코 동정심 때문에 불행한 이의 운명에 끌려들지 말라. 누군가의 불운은 다른 이의 행운이 된다. 다수의 불행 위에 얹어지는 행복도 있는 것이다. 그런데 이상하게도 불행한 사람들은 남들의 선의를 쉽게 얻어 운명의 시련을 보상받고자 한다. 사람들은 행복의 절정에 있을 때는 저주하다가, 그가 불행의 나락으로 떨어지면 동정해주기 때문이다. 높은 자리에 있는 사람에 대한 복수욕이 추락한 사람에 대한 동정으로 변한다. 하지만 현명한 사람은 운명이 언제든지 뒤바뀔 수 있다는 사실을 명심해야 한다. 그래서 불행한 자와 어울리는 것은, 고귀한 심성에서 비롯된 건 분명하지만 지혜로운 행동은 아니다.

## 반박보다 주의하는 게 효과적이다

반박하는 자에게 반박하지 말라. 당신은 우선 그 반박이 간계인지 막무가내 식인지를 구별해야 한다. 항상 고집은 아니고 기교일 때도 있다. 간계라면 곤란해질 수 있고, 고집이라면 위험에 처할 수 있으니 주의하라. 첩자를 경계할 때는 한순간도 방심해서는 안 된다. 정신을 어지럽게 하는 방해자들에 대해서는 계속 경계를 늦추면 안 된다.

# 튀지 말아라
## 남달리 우수한 게 아니라 흠 있는 사람으로 보인다

튀지 말아라. 허세 때문이든 부주의 때문이든. 뛰어난 능력을 가진 많은 개인들이 별난 행동을 보이곤 한다. 그런데 그건 남달리 우수해 보이는 게 아니라, 결점 있는 사람처럼 보인다. 외모가 별나게 못생겨도 유명세를 얻듯이, 행동이 상스러워도 유명세를 얻는다. 그것도 조롱거리가 되거나, 때로는 심한 적대감을 사기도 한다.

## 아무리 작은 불행도 얕잡아 보지 말라
## 행운도 불행도 결코 혼자 오지 않기 때문이다

　나쁜 일은 아무리 사소해도 얕잡아 보지 말라. 왜냐하면 결코 혼자 오지 않기 때문이다. 행운과 마찬가지로, 불운도 전부 연결되어 있다. 행복한 자는 더 행복해지고 불행한 자는 더 불행해지는 것이다. 따라서 다들 불행한 이들을 피하고 행복한 사람들에게 다가가려고 한다. 일단 불행이 깃들면 말도 생각도 망가진다. 그러니 불행이 잠들어 있다면 깨우지 않도록 조심하라. 한 번쯤 삐끗 미끄러질 수야 있지만, 자칫 심하게 넘어져버리면 그 추락이 어디까지 이를지 알 수 없다. 결국 행복에도 한계가 없듯이, 불행에도 끝이 없는 것이다. 하늘에서 오는 행복은 인내하며 기다리고, 땅 위의 불행은 깊이 숙고하여 지혜롭게 대처하라.

## 지혜로운 이는 칭찬하고
## 어리석은 이는 비판한다

평가할 줄 알라. 어떤 것에서 다른 사람들의 교사가 될 수 없는 사람은 없다. 모든 것을 이용할 줄 아는 것은 유용한 지식이다. 지혜로운 사람은 모든 사람들을 평가하는데, 모든 것에서 좋은 것을 인식하기 때문이다. 어리석은 사람은 모든 사람들을 경멸하는데 왜냐하면 그는 좋은 것을 인식하지 못하고 더 나쁜 것을 선택하기 때문이다.

## 화를 다스려라
## 지나친 언행까지 가지 않고 멈추는 것이 기술이다

화가 끓어오르면 어떻게 할까. 수시로 이는 짜증이라면 신중하게 숙고해서 억눌러라. 현명한 사람은 그렇게 한다. 만약 분노가 일기 시작하면, 가장 먼저 '화가 난다'고 인정하라. 그러면 기분이 내리는 명령에 휩쓸리지 않고 맞설 수 있다. 화를 낼 때는 딱 필요한 정도까지만 분노하고 그 선을 넘지 말아야 하기 때문이다. 이것이 화를 내는 기술이다! 분노에 빠지는 것도, 분노에서 빠져나오는 것도 조절하는 것 말이다. 특히 화를 멈추는 시점이 중요하다. 왜냐하면 가속이 붙을 때 멈추는 것이 가장 어렵기 때문이다. 격분의 와중에도 맑은 판단력을 유지할 수 있는 것이야말로 이성이 존재한다는 증거다. 열정이 과도해질 때 이성적 처신에서 이탈하게 되지만, 탁월하게 주의할 때 이성은 결코 함정에 빠지지 않고 커다란 보호벽을 넘지 않는다. 화를 다스리려면 늘 주의라는 재갈을 손에 꼭 쥐고 있어야 한다.

# 불평하면 신뢰만 잃는다
## 차라리 선례가 될 만한 사람을 칭찬하라

불평하지 말라. 신뢰만 잃을 뿐이다. 남들의 분노에도 맞서는 자기확신의 모범이 되는 것이, 동정심의 대상이 되기보다 낫다. 그래야 오히려 청자들이 불평에 귀 기울이고, 한 가지를 이해시키면 다른 문제들도 이해시킬 수 있다. 과거의 부당한 처우들에 불평해봤자 미래에 빌미만 주는 것이고, 도움이나 조언을 구해봐야 돌아오는 건 무관심이나 멸시뿐이다. 차라리 좋은 사람 한 명을 칭찬해서 남들이 따라할 선례를 제시하는 게 더 전략적이다. 당신이 신세를 진 사람에게 재차 감사를 표하면 나중에 온 사람들도 그와 같은 감사를 받기 위해 애쓸 테니까. 당신의 평판은 계속 지켜질 것이다. 그래서 영민한 사람은 자신의 실수나 불쾌함을 세상에 떠들어대지 않고, 신중하게 발언해서 친구관계를 지키고 적들을 침묵시킨다.

## 가끔은 가벼운 실수를 하라
## 너무 완벽하려고 하면 시기를 받게 된다

가벼운 잘못은 허용하라. 가끔은 부주의한 성격도 필요하다. 시기의 대상이 되면 추방도 당하고, 정중하다는 이유로 박해를 당하기도 하기 때문이다. 시기심은 완벽함을 잘못이 없다는 이유로 미워하고 단죄한다. 아르고스Argus처럼 결함을 찾으려고 샅샅이 감시해야만 마음이 놓이는 것이다. 비난은 번개와 같다. 가장 높은 곳에 내리친다. 그러니 호메로스가 잠시 한눈 팔게 만들어서 용사나 현자를(성실한 자 말고) 주목하지 않게 만들어라. 최소한 독소를 터트리지 않게 하라. 그렇게 시기심의 황소를 망토로 덮어서 당신을 위기에서 구해내야 한다.

# 스캔들을 미리 차단하라
## 평판을 망치는 건 순식간이고 회복은 요원하다

대중은 각각 삐딱한 눈과 험담을 퍼뜨릴 혀를 가진 사람들의 무리다. 일단 험담이 퍼지면 최고의 명성에도 금이 가고, 천박한 별명이라도 붙여지면 결국 명예는 바닥에 떨어진다. 대개는 어떤 치명적인 약점, 혹은 우스꽝스러운 잘못이 험담의 빌미를 제공한다. 거기에 악의적인 개인의 시기심이 더해지면 대중의 불신으로까지 이어진다. 타인에 대한 모략을 꺼리지 않는 자들은 공식적으로 문제를 제기하기보다 한마디 농담으로 더 빨리 명성을 파괴하기 마련이다. 나쁜 소문은 너무나 그럴듯해서 순식간에 평판을 망치는데, 회복하기는 매우 어렵다. 그러므로 현명한 사람은 사전에 주도면밀하게 감시해서 그런 저속한 스캔들을 미연에 방지한다. 왜냐하면 험담을 사후에 바로잡는 것보다 사전에 예방하는 것이 훨씬 더 수월하기 때문이다.

# 슬쩍 빠져나가라
## 때로는 못 알아 듣는 척하는 것이 최고의 지혜다

슬쩍 빠져나가라. 현명한 사람들은 곤경에서 이렇게 빠져나온다. 밝고 재치 있는 몇 마디로 상황을 전환시켜서 아무리 복잡한 미로에서도 빠져나온다. 논쟁이 심각해지면 별뜻 없는 미소를 지어서 탈출하는 것이다. 위대한 지도자들은 다 이 술책에 능했다. 무언가를 거절해야 할 때 대화의 방향을 슬쩍 돌리는 게 정중한 술책이다. 때로는 못 알아듣는 척해야 정확히 알아들은 것이다.

## 의심이 든다면 시작하지 말라
## 이성이 보내는 위험 신호는 이유가 있다

의심이 든다면 결코 일에 착수하지 말라. 행위자의 마음에 실패에 대한 염려가 들면, 관객 특히 경쟁자는 이미 실패를 확신하고 있을 것이다. 어떤 행위에 거리낌이 든다면, 나중에 냉정하게 돌이켜봤을 때도 어리석은 행위일 것이다. 이성이 위험 신호를 보내는 행위는 하지 않는 게 낫다. 지혜는 확률에 의존하는 게 아니라, 이성의 길을 따라 움직인다. 수립되자마자 의심이 드는 계획이라면 그런 사업이 어떻게 잘 진행되겠는가? 우리 내면에서 철저히 사고해서 자신 있게 내린 결정들도 종종 불행한 결말을 맞이하는데, 하물며 동요하는 이성 속에서 불안정한 판단력으로 내린 결정은 말할 것도 없다.

## 최후의 승자가 꼭 옳은 것은 아니다
### 대세만 따르지 말고 다양한 장점들을 체득하라

마지막 승자가 꼭 옳은 것은 아니다. 항상 최근의 대세만을 따르려다 보면, 양극단의 주장들을 오가면서 불합리해진다. 원하는 것도 생각하는 것도 이랬다저랬다 하는 것이다. 그도 그럴 것이, 최후의 승자가 항상 이전 승자의 흔적(장점과 특징)들을 봉인해서 지워버리기 때문이다. 이래서야 얻는 건 없고 잃는 것만 수두룩하다. 최후의 일인이 자신의 고유한 색채로 다른 모든 것들을 덧칠해버린다. 그래서 친구도 소용 없고 그저 평생 어린애처럼 미숙한 존재로 살아간다. 이렇게 좋아하는 것과 하려는 것이 다르기 때문에, 내내 의지와 이성 사이에서 절뚝거리고, 이쪽 끝에서 저쪽 끝까지 휘청거리며 오간다.

## 평정심을 잃지 말라
## 작은 말실수가 큰 위험으로 이어진다

평정심을 잃지 말라. 결코 분노하지 않는 것이 지혜의 핵심이다. 분노하지 않는 미덕은 마음이 대범한, 완전한 사람이라는 사실을 드러낸다. 흥분은 영혼이 들뜬 상태인데, 지나치면 행동이 경솔해진다. 자칫 입으로 흘러나오면 명예가 위험에 처한다. 따라서 크나큰 행복 속에서도, 크나큰 불행 속에서도 분노에 공격의 빌미를 제공하지 말고 오히려 감탄을 받을 정도로 완전히 자신을 통제하라.

## 정반대로 말하는 사람들도 있다

상대방의 언어를 정반대로 해석해야 할 때가 있다. 예를 들어, 추문이나 소문을 언급할 때. 어떤 사람들은 뭐든지 반대로 말한다. 그들의 긍정은 부정이고, 그들의 거절은 수락이다. 어떤 일을 유독 불평한다면, 내심 대단히 칭찬하고 있는 것이다. 왜냐하면 그들은 갖고 싶은 것일수록 별것 아닌 것으로 말하기 때문이다. 칭찬도 순순히 받아들이면 안 된다. 좋은 것에 대해서는 말을 아끼고, 나쁜 점들을 칭찬하듯이 말하는 사람들도 있기 때문이다. 그러니까 다 좋다고 말하는 사람은, 사실 아무것도 마음에 들지 않는 것이다.

## 단점을 정확히 알면
## 스스로 좋은 습관을 만들어서 고칠 수 있다

당신에게 부족한 능력을 정확히 알고 있어라. 딱 그 부분만 보완된다면 큰일을 해낼 사람들이 많다. 그 부분이 결여되어서 훌륭한 인품에 이르지 못하는 것이다. 사소한 일에서 단점이 개선되었다면 아주 훌륭해졌을 것이다. 예를 들면 진지함이 결여되어서 제대로 능력을 발휘하지 못하기도 하고, 직위에 걸맞는 관용이 부족한 사람도 있다. 또 누구는 추진력이, 누구는 절제력이 부족하다. 가까운 사람들은 금방 알아채고, 직위가 높을수록 금방 들통난다. 그런데 이 모든 해악은 스스로 알아차린다면 쉽게 고칠 수 있다. 습관화해서 제2의 천성으로 만들어버리면 된다.

# 좋은 마음이었어도
## 나쁜 태도로는 반감만 산다

모든 것에는 물자체와 태도가 있다. 철학적으로 말해보자면, '본질'이 전부가 아니고 '우연'어 더해진다는 말이다. 나쁜 태도는 무엇이든, 이성과 정의마저 망친다. 반면에 좋은 태도는 힘을 북돋워준다. 심지어 늙는다는 것에 대해서도 부정을 덮고 더 진실되게 해주고 아름다움까지 더한다. 이처럼 태도는 일을 풀어갈 때 결정적인 요소이고, 공손한 예절은 사람들의 마음을 훔친다. 아름답게 행동하면 삶이 기뻐지고, 유쾌하게 말하면 아주 경이로운 방식으로 곤경에서 빠져나올 수 있다.

## 잘난 체하지 말라
### 자랑이 지나치면 잘한 일도 거짓처럼 느껴진다

잘난 체하지 말라. 재능이 많을수록 과시하면 안 된다. 자기자랑은 진짜 재능도 저속해 보이게 만든다. 그리고 남들에게 불쾌감을 주는 만큼 자신도 고통스럽다. 왜냐하면 자신도 꾸미느라 힘겹기 때문이다. 제아무리 뛰어난 재능도 빛이 바랜다. 왜냐하면 천부적인 자랑거리가 아니라 인위적인 오만함처럼 보이기 때문이다. 자연스러운 것이 항상 인위적인 것보다 더 환영받는 법이다. 과시하는 사람을 보면 왠지 거짓처럼 느껴진다. 그래서 노력을 많이 한 일일수록 그 노고를 숨겨야 한다. 그래야 그 재능이 당신의 천부적인 것처럼 여겨진다. 그러나 허세를 부리지 않음을 과시하는 허세에 빠져서도 안 된다. 현명한 사람은 결코 자신의 장점을 알고 있는 것처럼 보이지 않을 것이다. 자신의 장점을 부각시키지 않아야 다른 사람들의 자연스러운 주의를 끌기 때문이다. 완벽하면서도 스스로 그것을 자랑하지 않는 사람은 곱절로 훌륭하다. 양쪽 모두에서 박수갈채를 받을 테니까.

4

**처세의 기술이
필요한 이유**

## 상황에 맞춰 살아라
### 기회가 오면 잡고, 놓쳤다면 포기하라

순간순간 상황에 맞게 살아라. 우리의 행동이며 생각이며 모든 것들은 상황에 맞게 조정되어야 한다. 할 수 있을 때 하라. 시간과 기회는 기다려주지 않으니까. 인간으로서의 기본 덕목만 지키면, 정해진 규칙대로 살 필요 없다. 왜냐하면 오늘은 마시기 싫었던 물인데 내일은 마셔야 할 수도 있기 때문이다. 너무 괴팍할 정도로 변덕을 부리면서 앞뒤가 안 맞는 요구를 무리하게 해대는 사람도 분명 있을 것이다. 하지만 지혜로운 사람은 현명한 목표가 기회를 따르는 것임을 알고 있다.

## 지나치게 정직하지 말라
## 정직한 사람을 속이기가 가장 쉽다

지나치게 온순한 성격을 갖지 말라. 오히려 비둘기처럼 순수하면서도 뱀처럼 교활해야 한다. 정직한 사람을 속이기가 가장 쉽다. 결코 거짓말을 하지 않는 사람은 다른 사람을 잘 믿고 결코 속이지 않는 사람은 남들을 잘 신뢰한다. 기만당하는 것은 어리석음에 기인하지 않고 오히려 때때로 선의에 기인한다. 두 가지 부류의 사람들은 손실을 잘 방지할 줄 안다. 노련한 사람들은 자신들의 희생으로 손실을 아주 잘 방지하고 영리한 사람들은 타인들의 희생으로 손실을 아주 잘 방지한다. 누구도 지나친 정직함을 지녀서는 안 된다. 괴물로서가 아니라 오히려 기적으로서 비둘기와 뱀을 자신 안에 합일해야 한다.

## 침착하게 신속하라
### 판단력과 행동력이 뛰어난 사람만이 지닌 능력이다

침착하라. 이것은 정신이 기민해야 나오는 자세다. 침착한 사람에게는 생생함과 깨우침이 있어 위험이나 사고를 당할 가능성이 적다. 그런데 숙고만 하다가 나중에 실패하는 사람도 많고, 사전에 숙고하지 않고 곧장 행동해도 성공하는 사람도 있다. 후자는 위기 상황에서 더 능력을 잘 발휘하는 존재들이다. 즉흥적으로 했을 때 성공하고 신중하면 영락없이 실패해버리니, 영 이상한 괴물 같다. 그들은 머릿속에 떠오르면 하고 아니면 안 한다. 복잡한 생각이나 후회 따위는 하지 않는다. 민첩함에 박수를 보내는 이유는, 절묘한 사고력과 신중한 행동력을 동시에 갖춘 대단한 능력자라는 의미이기 때문이다.

## 지혜로운 자들을 곁에 두어라
## 수하로 두는 게 최선이고, 안 되면 친구라도 되어라

지혜로운 자들을 곁에 두어라. 권력자들의 특권은 탁월한 통찰력의 소유자들과 어울리는 것이다. 그들은 우리를 무지의 공포에서 구해주고 난제들의 해결책을 함께 고민해준다. 현자들을 수하로 거느리는 건 막강한 일이다. 군주를 생포해서 하인으로 삼으려던 티그라네스Tigranes 왕의 야만스러운 취향에 비할 바가 아니다. 자신보다 우월한 자를 수하로 둘 수만 있다면, 삶은 전례 없이 훌륭해질 것이다. 지식은 길고 인생은 짧다. 무지하면 제대로 살아낼 수가 없다. 기가 막히게 영리한 방법이, 현자들과 어울리는 것만으로 별다른 힘을 들이지 않고서도 지식을 쌓아가는 것이다. 나중에는 당신이 많은 사람들을 대표해서 발언할 수도 있고, 당신이 이전에 들었던 조언들을 타인에게 건넬 수도 있게 된다. 남들에게 '현자'라는 영예로운 칭호로 불리게 되는 것이다. 그런 현자들은 책의 정수만을 뽑아서 지혜의 정수만 전수해주는 격이다. 그러나 현자들을 수하로 삼을 수 없다면 친구로라도 곁에 두어야 할 것이다.

## 현실적인 목표를 잡아라
## 희망만으로 너무 높은 목표를 잡으면 좌절하게 된다

당신 자신과 당신의 일을 이성적으로 파악하라. 특히 경력을 쌓기 시작할 때에 더욱 중요하다. 누구나 자부심이 있지만 주관적인 의견일 뿐이다. 누구나 자신의 행복을 꿈꾸고 자신이 놀라운 존재라고 생각한다. 속절 없는 희망은 나중에 경험이 전혀 이행하지 못할 과도한 약속을 한다. 그러한 공허한 상상은 언젠가 망상이 깨지고 진정한 현실로 돌아왔을 때 고통의 원인이 된다. 현명한 사람은 그러한 혼돈을 예상한다. 그래서 항상 최선을 바라면서도, 최악을 염두에 두어서 어떤 상황도 태연하게 받아들인다. 목표를 높이 잡고 겨냥하는 것이 현명하지만, 목표물을 놓칠 정도로 너무 높게 설정해서는 곤란하다. 그러한 개념의 시정은 꼭 필요하다. 왜냐하면 경험 이전의 기대는 대개 지나치게 제멋대로이기 때문이다. 모든 어리석음에 대한 최고의 만병통치약은 통찰력이다. 누구나 자신의 활동과 신분의 영역을 인식해야 하는데 그러면 자신의 개념들을 현실에 맞춰 정정할 것이다.

## 상대에게 맞춰서 조절하라
## 쓸데없이 전부 내보이면 관계를 망칠 수 있다

당신의 능력을 모두에게 보여줄 필요는 없다. 필요 이상
으로 힘을 드러내지 말아라. 지식이든 힘이든 낭비하면 안
된다. 노련한 매잡이는 꼭 필요한 정도로만 새들을 쫓는다.
오늘 너무 많이 발산하면, 내일은 내놓을 게 없게 된다. 항상
자신을 빛낼 수 있는 새로운 것을 남겨두어라. 왜냐하면 매
일 새로운 것을 보여주어야, 계속 사람들의 기대를 받을 수
있고, 능력의 한계를 들키지 않기 때문이다.

## 명성을 해칠 일에 관여하지 말라
## 유명세를 얻으려다가 악명을 얻을 수도 있다

명성을 해칠 일에 관여하지 말라. 명성보다 오히려 악명을 가져다줄 환상은 더더욱 멀리하라. 그러한 요소들이 많이 있으니 신중하게 피해야 한다. 그러나 꼭 지혜로운 이들이 기피한 것을 추구하며 그 독특함에서 만족감을 얻는 기묘한 취향을 가진 사람들이 있다. 그러면 유명세는 얻겠지만, 영예보다는 조소의 대상이 된다. 신중한 사람은 지혜조차 함부로 드러내지 않으니, 추종자들에게 비웃음을 살 일은 더더욱 하지 않는다.

## 자애롭다는 명성을 얻어라
## 호의를 베풀 수 있는 사람이 진짜 권력자다

자애롭다는 명성을 얻어라. 그것은 높고 위대한 신의 권능이니, 지배자들은 자애로움으로 세상의 선의를 차지할 수 있다. 그럴 수 있다는 것, 그러니까, 남들보다 더 많은 호의를 베풀 수 있다는 건 대단한 특권이다. 또한 서로 호의를 베푸는 사람들이 친구다. 반면에 곤란해서가 아니라 순전히 악의에서 호의를 베풀지 않는 자들이 있다. 모든 면에서 신의 자비와 정반대되는 사람들이다.

## 시간을 들여서 숙고하라
## 신속한 대답을 압박받아도 잠시 미루는 게 최선이다

두 번 숙고하라. 내면의 재판소에서 재심을 진행해서 확실히 하라. 특히 상황이 아주 명쾌하지 않으면, 시간을 더 들여서 확신을 갖거나 결정을 재고하라. 그러면 새로운 근거들이 마련되어 당신의 결정이 확증되고 더 힘이 실린다. 선물을 줄 때, 즉흥적으로 고른 선물보다는 오래 신중하게 고른 선물이 더 귀하게 여겨진다. 오랫동안 열망된 것의 가치가 가장 높다. 거절해야 할 때도, 시간을 들여서 부정을 성숙하게 표현할 방법을 궁리하라. 그래야만 떫은맛이 덜 난다. 게다가 처음의 흥분이 사라지면 차분해져서 거절에 대한 반감도 다소 무뎌진다. 그러니 만약 신속하게 대답하라는 압박이 있을 때도 잠시 미루는 게 최선이다. 상대의 관심을 돌리는 데 꼭 속이는 방법만 있는 건 아니다.

## 대세에 순응하라
### 혼자만 분별력을 보이는 건 분별력이 아니다

혼자 제정신으로 있느니 온 세계와 함께 바보가 되는 게 낫다. 정치인들이 그렇게 한다. 모두가 어리석게 행동하면 누가 더 낫고 말고가 없어지는데, 혼자만 분별력 있게 행동하면 바보로 간주될 것이다. 따라서 대세에 순응하는 것이 중요하다. 가끔은 무지하거나 무지를 가장하는 것이 최고의 지혜다. 사람은 남들과 어울려 살아야 하는데, 주변에 무지한 사람들이 다수이기 때문이다. "오롯이 혼자 살아가려면, 신이거나 야수가 되어야 한다." 하지만 격언을 이렇게 뒤집어보려 한다. "혼자서 바보인 것보다는 다른 사람들처럼 분별력 있는 것이 낫다." 때때로 '불가능한 희망'을 추구하는 독특한 사람들도 있으니까.

# 호의는 얻어내고
# 불만은 떠넘겨라

스스로 호의를 얻고 불만을 떠넘겨라. 전자를 통해 사랑을 얻고 후자를 통해 악의를 피한다. 좋은 것을 베푸는 것은 좋은 것을 받는 것보다 더 많은 향유, 즉 아량이라는 행운을 위대한 사람에게 준다. 동정이나 보복을 통해 스스로 다시 고통을 감내하지 않고는 쉽게 다른 사람에게 고통을 야기하지 않을 것이다. 사람들은 상부에서 대가나 벌을 받는 일을 통해서만 활동할 수 있을 것이다. 그 경우에 있어 선을 직접적으로 베풀고 악은 간접적으로 베풀어라. 증오와 비방의 불만스러운 타격이 부딪치는 누군가를 앞세워라. 왜냐하면 천민의 분노는 개의 그것과 같기 때문이다. 그들은 자신들이 가진 고뇌의 원인을 오인하면서 금방 사그라질 분노를 표출하다가 그만둔다.

## 매사에 위로가 깃들어 있다
### 지독한 불운조차 무관심 속에서 자유롭고 행복하다

매사에 위로를 구하라. 심지어 무의미하게 살아가는 사람들도 현재 죽지 않고 살아 있음에서 위로를 구할지도 모른다. 고통에는 보상이 따른다. 그래서 어리석음이나 못생김이 행운일 수 있다는 건 어느 정도 알려진 사실이다. 사실 장수의 한 비결은 쓸모없는 사람이 되는 것이다. 금이 간 유리잔은 깨질까봐 조심하기 때문에 오래간다. 운명의 여신이 질투해서, 가장 쓸모없는 사람들에게 긴 수명을 부여하고 가장 중요한 사람들에게 짧은 수명을 주는 모양이다. 모든 중요한 사람들은 부담감으로 머지않아 최후를 맞이하는데, 아무에게도 도움이 되지 않는 사람은 영원히 사는 것이다. 아마 기분상 그래 보이는 경우도 많겠지만. 불행한 사람은 행운의 여신은 물론이고 죽음의 신에게도 잊혀진 것 같다.

## 행운의 여신을 보면 과감하게 전진하고
## 불운이 닥치면 잠시 물러서 있어라

행동할지 말지 당신의 운을 따져서 결정하라. 사실 기질을 살피기보다 그냥 운에 의존하는 사람이 더 많다. 마흔이 되어서야 건강을 챙기는 한심한 사람보다, 마흔에야 세네카를 읽는 자들이 더 어리석다. 그래서 행운도 기다리면서 동시에 올바른 방향으로 끌어오고 제때 이용하기도 하는 것이 매우 중요하다. 왜냐하면 행운이 언제 어떻게 올지 알 수가 없기 때문이다. 그러니 행운의 여신이 보이면 과감하게 전진하라. 그녀는 용감한 청년을 사랑한다. 반대로 불운이 닥쳤다면, 악운의 별이 시련을 더하지 못하도록 오히려 물러서 있어라.

## 견실한 사람은
## 모래성 말고 나이들어갈 집을 짓는다

견실한 사람이 되라. 견실하지 않은 사람들은, 토대가 단
단하지 못하니 명성을 얻어도 불안하고 초라할 뿐이다. 군
건하고 착실한 사람만 있는 건 아니다. 오히려 많은 사람들
은 상대방을 기만한다. 그들은 환상을 품어 기만을 낳는다.
거짓 속에는 실제보다 더 많은 약속과 기쁨이 들어 있으니
더 좋아한다. 하지만 그 망상에는 확고한 토대가 없으니 언
제나 나쁜 결말을 맞는다. 오직 진실만이 진짜 명예를 준다.
그런데 하나의 거짓말에는 더 많은 거짓말들이 따라붙고,
그렇게 공중에 지어진 사상누각은 결국 땅에 떨어져 부서진
다. 토대가 없는 것들은 오래도록 나이를 먹어갈 수가 없다.
너무 많은 약속들은 믿기 어렵고, 이미 의심스러운 것이다.

# 건방짐을 유능함으로 착각하지 말라

건방진 사람이 아니라 유능한 사람으로 인정받아라. 높은 명성에 이르는 진정한 길은 공로이고, 거기에 근면이 더해지면 길은 더 짧아진다. 이때 정직만으로는 충분하지 않은데, 그렇다고 강요와 강제는 저급한 방법이다. 그런 식으로 진행했다가는 명성에 흙탕물이 튀기 때문이다. 그래서 공로를 세우는 것과 자신을 몰아붙이는 것 사이에서 중도中道를 찾는 것이 중요하다.

## 마음의 소리를 들어라
### 천부적 예언자의 소리를 무시하는 것은 어리석다

당신의 마음을 믿어라. 특히 확신이 든다면 더욱 믿어라. 절대로 부인하지 말라. 왜냐하면 마음은 종종 가장 중요한 것을 예언하기 때문이다. 어떤 사람들은 자신의 마음의 소리 듣기를 두려워해서 죽었다. 두려워서 피하기보다 차라리 듣고 해결책을 고민하는 게 더 낫지 않은가? 많은 사람들이 천부적으로 아주 참된 마음을 타고 났기에, 불행을 경고하고 사고에 경보를 울리게 되어 있다. 악을 기다리는 것은 어리석으나, 극복할 방법을 모색하기 위해서라면 지혜롭다.

## 허례허식하지 말라
### 격식을 무시하면 안 되지만, 꾸며내서도 안 된다

허례허식하지 말라. 겉치레에 치중하는 사람은 무척 지루한데, 국가들은 하는 수 없이 기이한 격식들을 가지고 있기는 하다. 바보들은 그런 허례들로 짜여진 옷을 걸치고 다닌다. 그들은 자기 위신을 숭배하는데, 그게 얼마나 말이 안 되느냐면, 아주 작은 반발로도 자기 위신이 무너질까봐 두려워하기 때문이다. 존경심을 요구하는 건 옳지만, 격식을 지나치게 강요하는 건 옳지 않다. 형식에 맞지 않아도 존경의 마음은 진실인 경우도 많다. 그러니 정중함을 꾸며내서도 안 되고 무시해서도 안 된다. 사소한 일에서 유별나게 군다고 위대성이 입증되는 건 아니다.

# 화가 나면 멈춰라
## 사고는 순식간이나 후회는 영원하다

결코 흥분 상태에서 행동하지 말라. 그랬다간 모든 일을 망칠 것이다. 제정신이 아닌 사람은 평소처럼 행동할 수 없고, 과한 열정은 이성을 쫓아낸다. 그럴 때는 신중한 중재자를 입회시켜라. 중재자는 냉정하게 침착함을 잃지 않는 사람이어야 한다. 직접 뛰는 선수보다 관중이 게임을 더 판단하는 것도, 관중이 더 냉정하기 때문이다. 평정심을 잃었다는 것을 알아채자마자 지혜로운 이는 잠시 뒤로 물러선다. 왜냐하면 피가 완전히 끓어오르면 이내 폭발할 텐데, 그 잠깐 사이에 남들이 며칠씩 비방을 쏟아내고 스스로는 내내 자책할 사건을 일으키고야 마는 것이다.

## 인내하며 기다려라
## 큰 행운은 기다리는 자가 거머쥔다

기다릴 줄 알아라. 서두르지 않고 조급하지도 않을 때 인내의 미덕이 드러난다. 먼저 자신을 통제할 수 있으면, 나중에는 타인까지 지배할 것이다. 또 천재일우의 기회는 오랜 시간을 기다린 후에라야 가질 수 있다. 지혜로운 이는 때와 방법이 무르익기를 기다릴 수 있다. 유지해야 하는 결정을 내릴 수 있다. 시간이 너무 천천히 가는 것 같아도 사실 그것은 헤라클레스의 철 몽둥이보다 더 많은 일을 수행한다. 그리고 신은 몽둥이가 아니라 시간으로 성숙하게 만든다. 펠리페 2세의 말처럼 "시간과 나는, 또다른 시간과 또다른 나와 겨루고 있다." 행운은 기다리는 자만이 잡는다.

## 좋은 결말로 이끌어라
## 규칙을 조금 어겨서라도 말이다

좋은 결말로 이끌어라. 경기에서 승리보다 과정을 중시하는 사람들이 있다. 그러나 최종적으로 실패하면 세상은 치욕을 주고 이전의 세심한 노력들은 버려버린다. 승자는 해명할 필요가 없다. 사람들은 어떤 방법을 썼는지 관심 없고 오직 결과가 좋으냐 나쁘냐만 본다. 따라서 목표만 달성하면 아무것도 잃는 게 없다. 좋은 결말은 부적합한 수단을 통한 것일지라도 모든 것을 미화한다. 그래서 때로는, 당신이 좋은 결말로 이끌 방법이 도저히 없다면, 이런저런 삶의 규칙들을 무시하는 것 또한 삶의 규칙이다.

## 트집을 잡지 말고
## 건전한 분별력을 보여라

트집을 잡지 말라. 사사건건 말꼬리를 잡는 것보다 분별력 있는 모습을 보이는 게 훨씬 중요하다. 필요 이상으로 많이 알면 오히려 무기를 적당히 무디게 준비하는데, 너무 날카롭게 갈면 구부러지거나 부러지기 쉽기 때문이다. 상식적인 선이 가장 좋다. 알긴 하되 캐묻지 않아야 좋다. 장황한 설명은 논쟁만 낳는다. 간단한 문제를 눈덩이처럼 부풀리지 않는, 건전한 정신을 가진다면 훨씬 낫다.

## 느려도 확실하게 하라
## 대체로 빨리 한 일은 빨리 파괴된다

느려도 확실하게 하라. 잘하면야 빨리 해도 상관 없겠지만, 대체로 빨리 한 일은 빨리 파괴된다. 영원히 지속되려면 영원에 가까운 준비가 필요한 것이다. 우수해야 가치 있고, 성공해야 지속된다. 엄청난 지성만이 불멸의 작품을 창조한다. 큰 가치를 창조하려면 큰 대가를 치러야 한다. 가장 고귀한 금속이 가장 무거운 것처럼.

## 쉬운 일은 어렵게,
## 어려운 일은 쉽게 하라

쉬운 일을 마치 어려운 것처럼, 어려운 일을 마치 쉬운 것처럼 시도하라. 그래야 자신감이 자만이 되지 않고, 소심하게 망설이지 않는다. 어떤 일이 행해지지 않도록 그것이 이미 행해진 것처럼 간주해야 하는 일도 필요하다. 근면과 노력은 불가능한 것을 가능하게 한다. 어려움을 주시해서 우리의 추진력이 마비되지 않도록 미리 방지하는 것이 필요하다.

## 지나친 행복은 불행이다
## 더 이상 바랄 게 없기 때문이다

아쉬운 것을 남겨 두어라. 그래야 너무 행복해서 불행해지는 사태를 막을 수 있다. 육체는 숨을 쉬려고 하고 정신은 추구하려고 한다. 모든 것을 소유한 사람은 모든 것에 대해 실망하고 불만스러워할 것이다. 심지어 이성 관계에서도 호기심을 유혹하고 희망을 북돋우는 비밀이 남아 있어야 한다. 운이 지나치게 좋은 것은 치명적이다. 결코 완전히 만족하지 않는 것은 하나의 기교다. 아무것도 더 이상 소망되지 않으면 모든 것이 두려워진다. 이 얼마나 불행한 행운인가! 소망이 멈추는 곳에서 두려움이 시작된다.

# 고집 부리는 리더는 위험하다
## 뭐든 음모로 접근하고 무조건 이기려 들기 때문이다

고집스럽게 우기지 말고 합리적으로 행동하라. 모든 고집은 정신의 혹이고, 일은 제대로 수행해내지 못하면서 의욕만 앞설 때 나오는 모습이다. 모든 일을 다툼으로 만드니, 인간관계를 망치는 진짜 주범들이라 하겠다. 수행하는 모든 일에서 승리해야만 하는 강박증을 가진 그들은 평화적인 절차를 모른다. 이런 자들이 명령하고 지배하는 위치에 있으면 구제불능인데, 왜냐하면 통치를 파벌로 만들고 어린애같이 순수한 사람들조차 적대하기 때문이다. 뭐든 음모로 접근하고 계략을 써서 결과를 얻으려고 한다. 다른 사람들이 그들의 계략을 알아채면 역량을 총동원해서 그들을 막아서기 때문에, 결국 아무것도 성과는 없이 문젯거리만 산더미처럼 만들어낸다. 음모자들은 비뚤어진 머리와 흉악한 마음을 가졌다. 그런 괴물을 만나면 지구 반대편 극지방까지도 무조건 멀리 도망쳐야 한다. 자연의 야만성이 그들의 흉포함보다 견디기 수월할 테니까.

# 함부로 농담하지 말라
## 가장 심각한 문제도 농담에서 시작될 때가 많다

조롱을 허용하되 행하지 말라. 전자는 정중함이지만, 후자는 창피함이다. 짜증이 날 정도로 조롱하는 사람은 성품이 잔인하고, 더 잔인해질 수도 있다. 대담한 조롱은 유쾌하다. 그것을 허용하는 건 두뇌가 명석하다는 증거다. 그것에 대해 과민한 반응을 보이는 사람은 자신도 다른 사람을 과민해지게 만든다. 그러므로 최선은 조롱에 아랑곳하지 않는 것이다. 전혀 주목하지 않는 것이 가장 확실한 대응책인 것이다. 가장 심각한 문제도 늘 농담에서 시작되곤 했다. 따라서 대단히 주의해서 능숙하게 다뤄야 한다. 농담을 시작하기 전에 상대방의 성향이 어느 선까지 그것을 허용할 것인지 알아야 한다.

## 남을 똑같이 따라하면
## 경박해 보인다

남을 똑같이 따라할 때 사람은 가장 초라해보인다. 스스로 신성하고 고귀한 존재이기를 포기한 사람으로 보인다. 경박한 사람은 존경받지 못한다. 진중한 사람은 높이 평가하듯이, 반대로 경박한 사람은 업신여긴다. 존경심을 잃으면 치명적이다. 사람이 경박하면 나이가 많아도 존경받기 힘든데, 다행히 나이가 들수록 조금씩 신중해질 수 있다. 하지만 여전히 아주 많은 사람들이 그러한 오점을 지니고 있으면서 무시를 당한다.

## 잘 모르면서 맘대로 하는 건
## 용기가 아니라 오만이다

잘 모르는 분야라면 가장 안전한 것을 고수해야 한다. 그러면 섬세하지는 않아도 철저한 사람이라고 여겨질 것이다. 반면에 잘 아는 분야에서는 마음껏 관여하고 행동할 수 있다. 잘 모르면서 위험을 감수하는 결정을 내렸다가는, 결국 파멸을 자처하게 될 뿐이다. 그러니 그런 경우에는 항상 정도正道를 걸어야 한다. 왜냐하면 이미 한 행동은 무를 수가 없는데, 넓고 올바른 길을 걸으면 빗나갈 수 없기 때문이다. 정통하든 그렇지 못하든 어떤 경우에도, 독창적인 것보다 안전한 길이 더 현명한 선택이다.

## 성공가도를 달릴 때
## 주변 사람들을 챙겨라

풍족할 때 고난을 대비하라. 여름에 겨울용 양식을 모아
두는 것이 더 쉽고 현명한 예방책이다. 성공가도를 달릴 땐
온통 호의가 널려 있고 친구도 많다. 그러니 그때 불운할 날
들을 위해 대비해둬야 한다. 막상 고난이 닥치면 치러야 할
대가는 큰데 도움의 손길은 없다. 교우 관계를 잘 유지하라.
그 진가를 발휘할 때가 오리라. 반면에 저속한 사람들은 친
구가 없다. 잘나갈 땐 그들이 친구들을 외면하고, 불운해졌
을 땐 친구들이 그를 외면한다.

## 불필요한 변명을 삼가라

요구받았을 때만 변명하고, 그때도 과도하게 변명하는 건 치명적이다. 별 이유 없이 뱉은 변명이 당신의 발목을 옥죄는 사슬이 된다. 예상치 못했던 변명을 듣게 되면, 오히려 그 순간 잠자고 있던 불신과 의심이 깨어난다. 그래서 영민한 사람은 상대편의 불신을 짐짓 모른 체한다. 변명해봐야 모욕만 자처하는 꼴이 되기 때문이다. 차라리 정직한 행동을 통해서 불신을 없애가는 게 최선이다.

## 너무 분명하게 보여주지 말라
## 사람들은 다 알게 되면 하찮게 여긴다

너무 분명하게 표현하지 말라. 사람들은 이해하는 것은 대수롭지 않게 여기고 파악할 수 없는 것을 숭배한다. 그러니 존중을 받으려면 수고롭게 해야 한다. 이해하기 어려운 사람이 존경을 받는다. 당신은 상대방에게 실제보다 더 현명하고 신중한 사람으로 보여야 한다. 그래야 높은 평가를 받는다. 하지만 적당해야지 지나치면 안 된다. 그래서 통찰력이 있는 사람들은 상식적으로 행동하면 될 테고, 대부분의 사람들은 약간의 치장이 필요하다. 당신의 행동을 따라가기 바쁘게 만들어서, 비난할 시간조차 내기 힘들게 하라. 사람들은 정확하게 이유를 몰라도 칭찬을 하곤 한다. 왜냐하면 잘 모르는 것을 미지의 신비로 숭배하고, 남들이 칭찬하면 덩달아 칭찬하기 때문이다.

## 실패한 일에
## 함부로 덤벼들지 말라

큰 실수를 만회해야 하는 일에는 함부로 덤벼들지 말라. 하지만 그렇게 했다면 전임자를 능가해야 하는데, 그에게 버금가게 해내기 위해서만도 두 배의 노력이 든다. 큰 실수를 만회하기는 어렵다. 왜냐하면 '구관이 명관'이라는 인식이 쉽게 나타나기 때문에, 전임자만큼 하는 걸로는 부족한 것이다. 그가 이미 특별한 첫인상을 남겼기 때문이다. 따라서 그에 대한 대중의 의견을 바꾸려면 특별한 장점을 더 가지고 있어야 한다.

# 불가능한 것은 포기하고
# 가능한 것들에 집중하라

시대에 맞춰 살아라. 지식조차 유행을 따른다. 사고방식과 취향은 시대에 따라 변한다. 구태의연한 생각을 고수하지 말고, 취향도 현대적으로 바꿔라. 모든 분야에서 다수의 취향이 끌고 가니, 당분간 따라가며 더 높은 완벽성으로 발전되도록 노력해야 한다. 과거의 것이 더 나아 보이더라도 일단은 육체와 정신을 현재의 것으로 장식한다. 그러나 친절 같은 선한 덕목들은 영원한 것이기에 예외인데, 오늘날에는 구식으로 치부되어 무시되고 있다. 솔직하고 약속을 지키는 좋은 사람들은 옛날에 더 많았던 것처럼 보인다. 물론 착한 사람들이 여전히 사랑받고는 있지만, 유행 속에 있지 않고 모방되지도 않는다. 오, 미덕이 생소하고 악행이 다반사인 불행한 세기여! 현명한 사람이라면, 원하는 대로 살수 없더라도 할 수 있는 대로 살아야 한다. 운명이 배제한 것보다는 허락한 것을 더 가치 있게 여겨야 한다.

## 돌다리도 두드려보라
## 바보들이나 무조건 내달린다

일에 착수하는 방법. 바보들은 문앞으로 내달린다. 무모해서다. 그렇게 단순하니 안전 대책을 강구할 생각도 못 하고, 나중에 실패의 불명예에도 무감각하다. 반면에 현명한 사람들은 더 신중하게 착수한다. 그들은 다름 아닌 주의와 예방이라는 무기로, 당신이 위험 없이 등장할 수 있도록 돕는다. 가끔은 천운으로 성급하게 시작해도 별일 없을지 몰라도 결국에는 지혜가 없어서 몰락한다. 함정이 있다고 우려되는 곳에서는 한 발 한 발 신중하게 내딛어라. 지혜로운 자는 예방 조치를 취했어도 조심한다. 오늘날에는 인간관계에서 전대미문의 함정들이 존재하니, 반드시 매 걸음마다 확인하며 걸어야 한다.

## 매사에 비상용을 준비해두어라
## '현명한 절반이 전체보다 많은' 이유다

매사에 늘 무엇인가를 비상용으로 준비해두어라. 사람들은 그것을 통해 자신의 중요성을 보장한다. 모든 능력과 힘을 즉시 그리고 모든 기회에 사용해서는 안 된다. 지식에 있어서도 후위대가 있어야 하고 그것을 통해 자신의 완벽성이 배가된다. 나쁜 결말 앞에서 위험에 처했을 때 도피할 수 있는 무엇인가를 항상 갖고 있어야 한다. 구원은 공격보다 더 많은 것을 수행하는데 왜냐하면 가치와 명성을 강조하기 때문이다. 현명한 사람은 늘 확실하게 착수하고, 여기서 '현명한 절반이 전체보다 많다'라는 독특한 역설이 증명된다.

# 단 하루도 소홀히 보내지 말라
## 운명이 어느 날 들이닥칠지 알 수 없으니까

　단 하루도 소홀히 보내지 말라. 운명은 장난치기를 좋아해서, 우리가 알아채지 못하도록 우연들을 차곡차곡 쌓아둔다. 따라서 우리는 지식, 지혜, 용기, 심지어 미美도 늘 준비하고 있어야 한다. 왜냐하면 별 걱정이 없던 어느 날에 느닷없이 명성이 추락할 것이기 때문이다. 매번 사고는 잠깐 한눈판 순간에 일어난다. 우리의 다리를 걸어 파멸시키는 건 바로 경솔함이다. 상대가 방심했을 때 총공세를 펼치는 것은 실제로 군사 전략이다. 운명도 언제 행진할지 알려진 날말고, 전혀 예측하지 못한 어느 날 불시에 다가와서 우리의 가치를 혹독하게 시험한다.

# 당신의 문제는
# 타인의 문제로 덮어라

자신의 문제를 갖고 후퇴하려면 남의 문제를 갖고 등장하라. 그것은 목적을 위한 교활한 수단이다. 천국에 관련된 일에서조차도 기독교의 스승들은 거룩한 술책을 사용하도록 훈계한다. 그것은 중요한 위장이다. 왜냐하면 그런 유보는 타인의 의지를 유도하는 미끼로 이용되기 때문이다. 그 의지에 문제가 생기는 것 같지만 그 문제는 단지 타인의 계획에 길을 열어 주기 위해서 존재한다. 근거가 부족하고 위험한 곳에서는 결코 성급하게 전진해서는 안 된다. 더구나 첫 마디가 늘 부정적인 사람들은 피하는 것이 현명하다. 그들이 변화를 예감할 수도 있는 곳에서는 더욱더 그렇다.

# 남을 돕느라
# 나를 미뤄두면 안 된다

자신을 도울 줄 알아야 한다. 커다란 위험 속에서 대담한 마음보다 더 나은 동반자는 없다. 마음이 허약해지면 다른 부분들이 그것을 도와주어야 한다. 자신을 도울 줄 아는 사람은 수고를 덜 수 있다. 운명에 무기를 내밀어서는 안 되는데 왜냐하면 그 경우에 운명은 걷잡을 수 없는 것이 되기 때문이다. 많은 사람들은 번거로운 일에서 자신을 별로 돕지 못하고 그것들을 짊어지지 않기 때문에 번거로움을 배가시킨다. 이미 자신을 알고 있는 사람은 숙고를 통해 약점을 극복하고 현명한 사람은 모든 것, 심지어 천체도 패배하게 만든다.

## 자잘한 충동에 일일이 흔들리지 말라
## 변덕스러워 보일 뿐더러 아예 판단력을 잃게 된다

자잘한 충동에 일일이 흔들리지 말라. 위대한 사람은 낯선 인상들에 결코 좌우되지 않는다. 자신을 관찰하는 것은 지혜의 근원이다. 자신의 기질을 알아야 대비할 수 있다. 심지어 자연과 인공 사이에서 중용을 찾아내기 위해 극단까지 가 보는 시도도 가능하다. 자신을 정확히 아는 것이 자아 발전의 첫걸음이다. 그런데 늘상 타인의 영향을 받으면서 그것을 자신의 진짜 성향으로 받아들이는 기괴한 사람들이 있다. 그러니 늘 혼란스럽고 상충되는 의무들에 시달린다. 이게 심해지면 의지만 파괴되는 게 아니다. 욕망과 인식이 정반대 방향으로 끌어대니 모든 판단력을 잃게 된다.

# 상승운은 주시하고
# 사소한 해프닝은 흘려보내라

불운한 시기를 인지하라. 그런 때가 있다. 되는 일이 하나
도 없는 때. 상황을 바꿔봐도 불운이 계속될 때. 지금 운이
좋은가 나쁜가, 이것만 아는 걸로도 충분하다. 모든 것, 심지
어 정신도 변한다. 그러니 영원히 지혜로운 사람은 없다. 심
지어 편지를 잘 쓰기 위해서도 행운이 필요하다. 모든 일의
완성은 시기에 달려 있다. 아름다움에도 기한이 있다. 지혜
도 가끔은 지나치게 적어서, 혹은 지나치게 많아서 안 통한
다. 제대로 하려면 운이 따르는 적기에 해야 한다. 그래서 언
제는 시도하는 족족 실패하다가, 또 언제는 무난하게 술술
풀리는 것이다. 모든 게 준비되어 있는, 지혜가 충만하고 천
재성이 번뜩이고 자신의 머리 위에 행운의 별이 빛나는 때
가 있다. 그럴 때는 작은 기회도 놓치지 말고 반드시 시도해
야 한다. 하지만 신중한 사람은 작은 단서 하나에 휘둘려 그
날의 행복과 불행을 결정짓지 않을 것이다. 왜냐하면 그냥
작은 불만이거나 다행스러운 우연일 수 있기 때문이다.

# 괜한 반항심을 보이지 말라
# 스스로 바보라고 고백하는 격이다

반항심을 키우지 말라. 스스로 바보고 떼쟁이라고 말하는 격이니, 지혜롭게 반항심을 막아내도록 힘껏 노력해야 한다. 매사에 문제점을 찾아내는 건 영리하다는 증거기도 하지만, 결국 그런 논쟁으로 당신은 무분별하다는 비난을 뒤집어쓸 것이다. 그런 사람들은 부드럽고 유쾌한 담소를 싸움으로 둔갑시키고, 아무 관계 없는 사람들보다 동료와 친구들을 적으로 취급한다. 사소한 일에도 이를 갈고, 논쟁을 놀이처럼 즐긴다. 야생동물과 애완동물을 한데 합해놓은 것처럼 어리석고도 잔인하다.

# 너 자신을 알라

너 자신을 알라. 재능과 능력, 판단력과 성향을 말이다. 자신을 파악하지 못한다면 스스로의 주인이 될 수 없다. 얼굴을 보는 거울은 있는데, 정신을 보는 거울은 없다. 따라서 자신에 대한 고찰을 거울 삼아라. 외면이 어떻게 보여질지는 잊고, 내면이 더 완전한 모습이 되도록 향상시켜라. 당신의 지성과 사건 해결력을 동원해서, 대담하게 적용해보라. 그렇게 해서 당신 자신을 보호하고 모든 일에 열려 있으라.

# 온유하게 살아라
## 모든 것을 마음에 담아두다간 괴팍해진다

온유하게 살면 오래 산다. 살기 위해서는, 일단 살아라. 이때 온유한 이들은 그냥 살아가는 게 아니라, 삶을 지배한다. 듣고 보고 침묵하라. 다툼이 없는 날은 밤에 꿈 없이 숙면을 취한다. 오래 살고 즐겁게 산다는 건, 자신뿐만 아니라 다른 사람들을 위해 사는 것을 의미하며, 온유한 마음의 결실이다. 그의 능력은 하찮은 일에는 전혀 신경을 쓰지 않는 것이다. 모든 것을 마음에 담아두는 사람은 더없이 괴팍해진다. 가장 어리석은 짓은 우리와 관련도 없는 일에 골머리를 앓고, 정작 우리 자신에게 중요한 것에는 신경 쓰지 못하는 것이다.

## 진실을 말할 때도 기술이 필요하다
## 진실은 위험한 것이기에 잘 다뤄야 한다

진실은 위험한 것이지만 올바른 사람은 그것을 말하기를 멈추지 않는다. 그래서 기술이 필요하다. 능숙한 영혼의 의사들은 진실을 달콤하게 만드는 방법을 생각했다. 왜냐하면 진실이 속임수를 파괴하면 쓰라림의 정수가 되기 때문이다. 좋은 방식은 이것이다. 동일한 진실일지라도 누구에게는 아첨으로 이용하고 누구에게는 던져버려라. 오늘날 당면한 문제를 다룰 때 마치 오래 전 과거 사람들의 문제를 다루듯이 하라. 이해할 줄 아는 사람에게는 말 한 마디, 눈짓 한 번으로도 충분하지만, 그렇게 해서 이해하지 못한다면 침묵하는 게 낫다. 상대방이 권력자라면 쓴 약을 바로 처방해서는 안 되고, 쓴 약을 달콤하게 포장하는 것이 중요하다.

# 험담꾼이 되지 말라

험담꾼이 되지 말라. 그런 사람으로 간주되는 것조차 경계하라. 그것은 남의 명예를 더럽히는 자라는 오명을 의미하기 때문이다. 남을 짓밟아서 웃음을 만들면 안 된다. 그건 쉬운 방법이지만 저주받을 일이다. 누구나 그들 한 명을 헐뜯으면서 복수하기에, 머릿수에서 밀린 그가 궁지에 몰리는 것은 한순간이다. 험담을 즐거워해서도, 험담을 주제로 삼아서도 안 된다. 험담꾼은 영원히 증오의 대상이 된다. 자신이 내뱉은 험담보다 더 나쁜 말들로 물어뜯길 것이다.

## 눈뜬 장님처럼 살지 말라

제대로 보아라. 눈은 뜨고 있지만 제대로 보고 있지 않는 경우가 많다. 그러다가 너무 늦게서야, 더 이상 아무것도 볼 것이 없을 때 비로소 사태를 제대로 보기 시작한다. 의지가 없는 사람에게 분별력을 가르치기 어려운데, 분별력이 없는 사람이 의지를 가지기는 더 어렵다. 그들을 둘러싸고 있는 사람들은 그들을 조롱하면서 마치 장님과 노는 것처럼 그들과 어울린다. 그들은 귀가 먹은 것처럼 눈도 멀었거나 혹은 눈뜬 장님 같이 살아간다. 눈 먼 주인을 태운 불행한 말이여! 너는 절대로 날렵하게 질주하지 못하리.

## 의심스러운 척해서
## 상대가 비밀을 털어놓게 하라

반박할 줄 알라. 침착성을 유지하면서 상대를 혼란스럽게 뒤흔들면, 새로운 사실을 알아내는 데 주효하다. 살짝만 자극해서 상대를 흥분하게 만드는 게 좋다. 예를 들어 미심쩍다는 태도를 보이는 것만으로도 즉각 비밀을 토해내게 만들수 있다. 꽉 잠겼던 마음의 빗장이 쉽게 열리는 것이다. 얼마나 섬세하게 구사하느냐에 따라 정신과 의지에 모두 적용할 수 있다. 제3자의 비밀스러운 말을 간교하게 툭 흘려서 가장 은밀한 비밀까지 파헤친다. 상대가 이 달콤한 미끼에 걸려들면 남김없이 술술 불면서 정교한 함정에 걸려들고야 만다. 관심 없는 척 상대를 방심시켜서, 절대로 헤아릴 수 없었을 마음까지 다 털어놓게 한다. 의심하는 척해서 상대가 호기심에 남김 없이 답하게 만들 수도 있다. 이것은 교육에서도 똑같다. 학생이 교사에게 반박하는 척하면, 교사는 더 철저하게 진실을 설명해 주려고 갖은 애를 쓴다. 그래서 적당한 반박은 완전한 가르침을 이끌어낸다.

## 기술의 정수는 혼자 간직하라
## 완전히 마른 샘은 아무도 찾지 않는다

기술의 정수는 혼자 간직하라. 제자들을 키워내는 위대한 거장들이 마음에 품고 사는 격언은 바로 이것이다. '항상 우월하라, 항상 대가로 있어라.' 가르침에도 기술이 필요하다. 또한 지식의 샘이 계속 흐르게 해야지 고갈시키면 안 된다. 그래야 사람들이 여전히 그를 존경하고 그에게 의지할 것이다. 남을 즐겁게 하든 가르침을 주든 항상 지켜야 하는 지침은, 항상 기대감을 남겨두면서도 점점 완성을 향해 발전시켜 나가는 것이다. 매사에 여유를 두는 태도는 삶의 중요한 규칙이자 성공 수칙이어서, 윗사람일수록 명심해야 한다.

# 의도를 명확히 밝히지 말라
## 기대감을 없애버리면 비난만 늘어난다

당신의 의도를 명확히 밝히지 말라. 패를 드러내 놓고 카드 게임을 하면 유익하지도 유쾌하지도 않다. 의도를 즉각 알리지 않으면 기대감이 일어난다. 특히 당신이 대중의 주목을 받는 지위에 있다면 더욱 그렇다. 모든 일에서 비밀스러운 면을 남겨서, 바로 그 비밀이 경외심을 자극하게 하라. 속내를 다 털어놓지 말라. 사실 일반적인 사귐에서도 내밀한 속마음까지 지나치게 드러내면 좋지 않다. 신중한 침묵은 가장 신성한 지혜다. 일단 발표된 계획은 평가가 좋아지지는 않고 오히려 비난이 늘어날 뿐이다. 거기에 결과까지 나쁘면 두 배로 불행해진다. 그러니 신의 섭리를 모방해서, 사람들을 추측과 불안 속에 가둬 두어라.

# 기꺼이 희생양도 되어줄 사람들을
# 만들어라

나쁜 일을 남에게 떠넘길 줄 알아야 한다. 악의를 가리고 포장하는 것은 통치자들의 커다란 술책이다. 그건 시기꾼들의 말처럼 무능한 것이 아니라, 오히려 실패의 비난과 전반적인 비방이라는 공격을 감수해줄 누군가를 곁에 둘 수 있는 능력이다. 모든 일의 결과가 좋을 수 없고 모두를 만족시킬 수도 없다. 따라서 자존심이 좀 상하더라도 불행한 시도의 속죄양을 맡아줄 사람을 곁에 두어라.

**5**

# 지혜로운 인간의
# 품격

## 지식은 용기가 더해져야 실현된다
## 눈이 손과 함께 일하듯

지식과 용기가 위대함을 낳는다. 그 두 가지는 불멸이기에 위대함도 사라지지 않는다. 사람은 자신이 아는 만큼 할 수 있으므로, 현자는 모든 것을 할 수 있다. 하지만 지식이 없는 인간은 암흑 세계에 사는 것과 같다. 또한 지식과 용기는 눈과 손의 관계와 같다. 용기가 없는 지식으로는 아무것도 생산하지 못하는 것이다.

# 스물에는 스물답게
# 일흔에는 일흔답게

자연과 기술의 도움으로 정신을 늘 새롭게 하라. 7년마다 기질이 변한다고 한다. 그때마다 안목을 더 고귀하고 좋게 바꿔가라. 태어나서 첫 7년 동안 이성이 생겼고, 그후로도 7년마다 새로운 능력들이 더해졌다. 이 자연스러운 변화를 관찰해서 다른 능력들을 더할 때 활용하라. 그런데 많은 사람들이 직위나 직업이 바뀔 때 행실도 바뀌는데, 나중에 제대로 무르익었을 무렵에야 알아차리게 된다. 그러니까, 스무 살에는 공작새, 서른에는 사자, 마흔에는 낙타, 쉰에는 뱀, 예순에는 개, 일흔에는 원숭이, 그리고 여든에는 아무것도 아닌 존재로 변모한다. 나이에 맞춰 자연스럽게 변화하라.

## 재능도 근면해야 꽃핀다
### 부지런한 범인凡人이 게으른 천재보다 낫다

근면과 재능. 둘 중 하나만 없어도 소용 없고, 두 가지를 다 갖춰야 탁월한 사람이 된다. 평범한데 부지런한 사람이, 우월한데 게으른 사람보다 발전한다. 근면이란 명예를 얻으려면 치러야 하는 대가다. 대가를 덜 치를수록 얻는 가치도 작다. 심지어 최고위직에 있는 사람들도 종종 부족한 건 근면성이지, 재능인 경우는 드물다. 높은 지위에서 평범하게 지내는 게 낮은 지위에서 탁월한 것보다 좋다는 말은 좋은 핑계가 된다. 하지만 최고위직에서 탁월할 수 있는데도 최하위직에서 평범한 상태에 만족한다는 것은 말이 안 된다. 그러니까, 삶에는 재능과 기술이 모두 필요한데, 그것들을 완성시키는 게 근면이다.

## 지식에 선한 의도를 더하라
## 무분별한 지식은 파멸로 향할 뿐이다

지식에 선한 의도까지 겸비하면, 확실히 성공한다. 반면에 뛰어난 지성에 사악한 의도와 결합되면 비정상적인 재앙이 일어난다. 악의는 우수성을 망치는 독이다. 거기에 지능이 더해져봤자 더 치밀하게 파괴할 뿐이다. 오직 그 끝에 파멸만 있는 비참한 우월성인 것이다! 판단력이 없는 지식은 두 배로 어리석다.

## 삶이 힘들수록 철학을 공부하라
## 이 시대를 살아낼 지혜가 어딘가에 반드시 있다

시대에 어울리는 사람. 의외로 대단히 드물다. 모두가 스스로에게 어울리는 시대에 사는 행운을 누리지는 못하고, 그런 사람들조차 그 시대를 어떻게 살아야 할지는 모르는 경우가 많다. 시대를 잘못 타고난 사람들도 있다. 모든 것은 때가 있는 법이고. 심지어 '우수함'도 유행에 따른다. 그래서 철인哲人이 유리하다. 불멸의 존재이니까! 지금 이 시대에 안 맞아도, 장차 맞는 다른 시대가 도래할 것이다.

## 지식은 넓게 갖추고 날카롭게 구사하라
## 열 마디 지도보다 한 마디 조언이 더 효과적이다

　바람직한 지식을 갖고 있는 사람. 현자는 우아하고 고상한 취향의 박학다식으로 무장했고, 현실적으로 필요한 실제적인 지식을 평범을 뛰어넘는 전문가 수준으로 갖추고 있다. 그들은 재치 있는 격언들과 고귀한 행동들을 방대하게 알고 있으면서, 딱 필요한 시점에 딱 맞게 구사한다. 사실 진지한 지도보다 재치 있는 한마디로 배우는 게 더 많다. 넓은 지식은 어떤 다른 기술 이상으로 사람들을 자유롭게 해준다.

## 결점을 개성으로 바꿔라
## 카이사르의 월계수처럼

오점을 남기지 말라. 완벽해지기 위한 필수 조건이다. 스스로 육체적으로나 정신적으로나 결점이 없고, 혹시나 있더라도 조금만 노력하면 쉽게 개선할 수 있다고 생각하는 사람은 거의 없다. 오히려 대다수의 사람들은 대단히 높은 능력들이 있어도 거기에 붙은 한 가지 흠집을 매섭게 찾아낸다. 태양 전체를 가리는 데 한 조각 구름이면 충분하다. 우리의 평판도 마찬가지다. 적의를 품은 자가 즉시 결점 하나 찾아내서 끊임없이 상기시키면 된다. 결점을 개성으로 바꾸는 것이야말로 최고의 수완이다. 카이사르가 자신의 신체적 결함을 월계수로 가렸던 것처럼.

## 삶을 지혜롭게 나눠 써라
### 숙소가 없으면 여행이 지치듯 삶에도 쉼이 필요하다

당신의 삶을 지혜롭게 나눠 써라. 그때그때 즉흥적인 기분에 따라서가 아니라, 심사숙고해서 나눠야 한다. 숙소가 없으면 여행이 피곤하듯이 삶도 휴식이 없으면 지친다. 다양한 지식은 삶을 풍요롭게 한다. 아름다운 인생의 첫 시작은 죽은 자들과의 여흥, 즉 독서로 보내라. 우리는 살면서 우리 자신을 알아간다. 이때 좋은 책들이 우리를 인간으로 만든다. 인생의 두 번째 여로는 살아 있는 사람들과 보내라. 그들과 함께 이 세상에서 좋은 것을 모두 보고 느껴라. 한 나라에서 모든 것을 발견할 수는 없다. 조물주는 그의 선물을 분배했고 때때로 추한 사람들에게 가장 풍성한 축복을 주었다. 인생의 세 번째 여행은 완전히 자기 자신 속에서 보내라. 최후의 행복은 철학하는 것이다.

## 행운을 좇지 말고 지혜를 좇아라
## 행운의 크기는 지혜의 크기와 비례한다

행운을 얻는 기술. 행운에는 규칙이 있다. 지혜로운 자가 운이 좋은 건 우연이 아니고, 노력하면 운이 좋아질 수 있다는 것. 어떤 사람들은 행운의 여신이 있는 문 앞에 가서 열리겠지 상상하며 만족한다. 좀 더 나은 사람들은 부단히 노력하여, 마침내 대담하게 '선행'과 '용기'의 두 날개로 여신에게 날아가 호의를 얻어낸다. 그렇지만 깊이 고찰해 보면 '선행'과 '통찰력'을 쌓는 것만이 유일한 길이다. 누구나 자신의 지혜만큼 행운을 얻고, 자신의 어리석음만큼 불행해지기 때문이다.

## 규모보다 내실을 평가하라
## 중요한 건 다재다능이 아니라, 탁월함이다

규모보다 내실을 평가하라. 우수함은 양이 아니라 질에 달렸다. 현실에서 최고는 늘 찾아보기 힘들고, 대부분은 질이 떨어진다. 주위에서 키 큰 사람이 허당일 때가 많듯이. 두꺼울수록 훌륭한 책이라고 여기는 건, 마치 책이 두뇌가 아니라 팔을 훈련하기 위해 쓰였다고 보는 격이다. 크기만으로는 절대로 평범함을 넘어서지 못한다. 다재다능한 사람들이 고뇌하는 이유가 바로, 모든 면에서 정통하기를 원하지만 사실 어느 것에도 정통하지 않음을 스스로 알아서다. 집중을 해야 탁월해지고, 숭고한 분야에서라면 진정 영웅적으로 부각될 것이다.

## 깊고 철저해져라
## 내면이 얕으면 금세 대화가 겉돌고 들통난다

깊고 철저해져라. 그러면 어떤 역할이든 명예롭게 수행할 수 있다. 내면은 무조건 외형보다 더 깊어야 한다. 반면에 아주 단순한 두뇌도 있으니, 마치 웅장한 궁궐 현관을 지나 오두막 방으로 이어지는 집과 같다. 그들에게 아무리 이상하다고 말해도, 첫 인사말 이후부터는 대화가 겉돌기 때문에 소용 없다. 그래서 그들과의의 담소는 인사말과 함께 기분 좋게 시작하지만 곧 침묵에 잠긴다. 생각의 샘이 흐르지 않는 곳에서는 말은 곧 고갈되기 때문이다. 피상적인 시선을 갖고 있는 사람들은 쉽게 그러한 사람들에게 기만당한다. 그러나 깊이 있는 사람들은 그렇지 않다. 그 사람들은 내면이 공허한 사람들을 알아보고 그들이 영리한 사람들의 조소를 받을 것이라고 생각한다.

## 통찰력과 판단력을 갖춰라
## 상황을 지배해야지, 지배당하면 안 된다

통찰력과 판단력을 갖춘 사람은, 상황을 지배하지 상황에 지배되지 않는다. 그는 단번에 심연의 소리를 듣는데, 마치 관상학자가 관상을 보는 것과 같다. 사람을 보면 그를 이해하고 내밀한 본성까지 알아낸다. 몇 가지 관찰만으로도 가장 깊이 숨겨진 마음을 해독해낸다. 예리한 관찰, 철저한 통찰, 올바른 판단. 이것만 있으면 모든 것을 발견하고 관찰하고 포착하고 이해할 수 있다.

## 판단력이 다수의 재능이라면
## 창의력은 소수의 특별한 재능이다

창의력을 지녀라. 이것은 최고의 천재성을 증명한다. 다만 어떤 천재가 약간의 광기도 없이 견딜 수 있겠는가? 창의력이 천재들의 문제라면, 판단력은 사려 깊은 사람들의 문제다. 전자는 하늘의 특별한 선물이며 훨씬 드문 경우다. 왜냐하면 적절한 판단을 내리는 사람들은 많지만, 새로운 창의력을 발휘하는 사람은 극소수이기 때문이다. 새로움은 사람들을 유혹하고 그것이 성공하면 곱절로 빛난다. 다만, 새로움은 판단을 내릴 때는 다소 모험을 해야 하는 위험성이 있지만, 천재성의 문제에 있어서는 대단히 찬사를 받을 만하다.

## 지식은 늘리고 일은 줄여라
## 그 반대로 하지 말고!

지식은 좀 늘리고 일은 좀 줄여라. 반대로 말하는 사람도 있다. 하지만 일보다 여가가 더 낫다. 우리가 정말로 소유한 건 시간뿐이고, 아무것도 없어도 시간은 있으니까. 당신의 소중한 삶을 단순 업무로 허비하는 것이나, 반대로 과도하게 숭고한 활동으로만 보내는 것이나 똑같이 불행하다. 일에 치여서 부러워만 하며 살지 말라. 그랬다간 삶은 복잡해지고 마음은 지쳐버린다. 어떤 사람들은 지식에도 똑같이 생각하는데, 그건 다르다. 아는 게 없으면 제대로 살아갈 수 없기 때문이다.

## 많이 소유하지 말라
## 내 것일 때보다 남의 것일 때 마음껏 즐길 수 있다

진귀한 것들을 많이 소유하지 말라. 사람들은 자신의 것보다 타인의 것으로 더 잘 향유한다. 첫날에만 주인을 위한 것이고 다음 날부터는 내내 다른 사람들을 위한 것이다. 사람들은 훼손에 대한 걱정 없이 타인의 것을 두 배로 향유하고 그 다음에 새로운 매력을 향유한다. 모든 것은 결핍되었을 때 전보다 더 소망의 대상이 된다. 심지어 물도 타인의 것은 신의 음료로 보인다. 꼭 소유에만 국한된 것도 아닌 것이, 빌려서 가지고 있어도 역시나 신경쓸 일이 많아져서 짜증스럽다. 결국 자신에게는 무익하고, 남에게도 호감보다는 적대감을 사기 쉽다.

## 실수는 빨리 인정하라
## 변명으로 덮을 수 없고 조롱만 당할 것이다

어리석은 짓을 계속하지 말라. 많은 사람들이 한 번의 실수에서 의무감을 느끼고, 길을 잘못 들었는데도 그 길을 계속 가는 것이 의지라고 생각한다. 그들은 내심 후회가 밀려와도, 겉으로는 변명한다. 그래서 애초에는 부주의하다고 지적받지만 나중에는 어리석다고 경멸을 받게 된다. 신중하지 못한 약속이나 잘못된 결심에는 구속될 필요가 없다. 그런데도 어떤 사람들은 처음의 조야한 행동을 고수해서, 집요하고 심술궂은 바보가 되려고 한다.

## 기억력보다 분별력으로 일하라

기억력보다 분별력으로 일하는 게 낫다. 회상에 의존할수록 분별력이 설 자리가 사라진다. 많은 사람들이 적기를 놓치는 이유는 알아채지 못해서다. 이때 친구의 적절한 조언이 있으면 제대로 보기도 한다. 그래서 딱 맞는 시기에 딱 맞는 것을 제공하는 것이야말로 가장 훌륭한 정신적 재능에 속한다. 그 재능이 부족해서 많은 것들이 실패한다. 그러니 분별력이 있다면 친구와 나누고, 분별력이 없다면 주위에 도움을 구하라. 나눌 때는 조심스럽게, 구할 때는 간절하게. 조심스럽게 힌트만 주어라. 당신의 조언이 마침 친구의 관심사와 부합한다면 금상첨화다. 처음에는 살짝 관심만 표하고, 이후에 충분치 않다고 판단될 때 더 열의를 보여라. 그가 거부하면, 마음을 돌릴 우회로를 모색하라. 노련해야 한다. 무언가를 얻지 못하는 건, 대개 시도조차 않았기 때문이다.

## 재주보다 지혜를 따르라

지혜를 따르라. 모든 면에서 말이다. 모든 말과 행위에서
의 첫 번째이자 최고의 규칙, 지위가 높을수록 더욱 필수적
으로 따라야 할 규칙은, 한 줌의 지혜가 엄청난 재주보다 낫
다는 것이다. 큰 박수갈채는 못 받더라도 유일하게 확실한
길이다. 지혜롭다는 평판이 가장 큰 명예다. 당신은 현자들
을 이해하기만 해도 충분한데, 그들의 말이 진정한 성공의
시금석이 되기 때문이다.

# 거짓에 거짓을,
## 어리석음에 어리석음을 더하지 말라

어리석은 짓을 악화하지 말라. 하나의 타격을 개선하기 위해 네 개의 다른 타격을 범하거나, 무례함을 더 큰 무례함을 통해 보상하려고 하는 일이 빈번히 발생한다. 바보짓과 거짓말도 그러한데, 왜냐하면 양자는 각각 그것들을 유지하기 위해 많은 다른 사람들을 필요로 하기 때문이다. 모든 불완전성에 많은 다른 불완전성이 추가되는 것은 불완전성의 유산이 상속되기 때문이다.

## 바보들은 오늘을 불평하며
## 어제는 칭찬한다

바보짓들을 예방하라. 이것은 진실로 지혜로운 일이다. 어리석은 일들은 널리 퍼져 있어 그 세력이 크다. 개인적으로 어리석음을 피할 수 있는 사람도 일반 대중으로서의 어리석음을 피할 수는 없다. 운명이 최선이라면 아무도 그것에 만족하지 않고, 이성이 최악이라면 그것에 불만스러워하지 않고, 게다가 자신의 행운에 불만스러운 모든 사람들이 타인의 행운을 부러워한다. 또한 오늘의 사람들이 어제의 것을 칭찬하며 여기의 사람들이 저기의 것들을 칭찬하는 것과 같은 평범한 편견들이 드러난다. 지나간 모든 것은 더 나아 보이고 멀리 떨어진 모든 것은 더 높이 평가된다. 모든 것을 비웃는 사람은 모든 것을 슬퍼하는 사람과 마찬가지로 커다란 바보다.

## 제왕의 위엄을 갖춰라

각자 위엄을 세워라. 모든 행동을 격조 있게 하라. 제왕까지는 아니어도 군주에는 어울릴 정도로 말이다. 행위는 숭고하고 생각은 비상하며 모든 면에서 왕처럼, 그러니까, 비록 권력은 없어도 최소한 훌륭하다고 평가받는 행동을 해야 한다. 왜냐하면 진정으로 제왕적인 것은 흠 없는 도덕성에 있고, 제왕은 스스로 위대한 표본이 되지 위대한 사람을 시기하지 않는다. 특히 권좌에 더 가까이 있는 사람들은 진정 우월해지기를 목표하고, 공허한 의식에 참석하기보다는 오히려 진정으로 제왕다운 성격을 공유하기 위해 노력한다. 이때 교만을 과시하지 않고 본질적으로 숭고한 것을 취해야 한다.

## 다양한 공직에 몸담아라

공직에 몸담아라. 그러려면 다양한 능력이 필요한데, 어디에 어떤 능력이 필요한지 구분하려면 대단히 주의력과 안목을 기울여야 한다. 어떤 분야는 용기를, 어떤 분야는 이성을 요구한다. 정직하기만 하면 되는 분야가 가장 수월하고, 노련해야 하는 분야가 가장 까다롭다. 정직은 성격만 올바르면 되는데, 노련함은 모든 주의와 열성을 쏟아도 충분하지 않다. 인간들을 통치하는 건 무척 힘든 일이고, 바보나 천치들이라면 훨씬 더 힘들다. 이성이 없는 사람을 대할 때는 두 배의 이성이 필요하다. 그러나 정해진 시간과 짜여진 시간표만 따르도록 인간을 통제하는 건 참을 수 없다. 자유롭게 각자 하고 싶은 일을 하게 해주는 게 낫다. 변화가 있어야 정신이 싫증내지 않고 깨어 있기 때문이다. 남에게 종속되지 않거나 최소한으로 종속되는 일들이 가장 바람직하다. 그러나 어디서나 죽도록 땀을 흘려야 하는 분야들은 가장 나쁜 것이다.

## 당신이 아무것도 모른다는 사실을 알라
## 배우든지 빌리든지, 어쨌든 지식을 가까이 두라

지식을 쌓거나, 지식인과 가까이 교류하라. 자신의 것이든 누군가에게 빌렸든 지식 없이는 살아갈 수 없다. 하지만 많은 사람들은 자신들이 모르고 있다는 사실 자체를 몰라서, 모르는데도 알고 있다고 믿는다. 지식이 부족하면 구제 불능이다. 무지한 사람들은 스스로에 대해 모르기 때문에 자신에게 결여되어 있는 것을 찾지 않는다. 스스로 현명하다고 믿지 않으면 현명해질 것이다. 지혜라는 미덕이 드물지만 지혜로운 사람들은 바쁘지 않게 살아가는데, 왜냐하면 아무도 그들에게 충고를 구하지 않기 때문이다. 불행한 결말과 맞닥뜨리지 않도록 이성을 갖고 숙고하라.

## 침묵은 유능한 두뇌의 봉인이다

침묵은 유능한 두뇌의 봉인이다. 근거가 깊은 곳에서는 비밀도 아주 깊이 놓여 있다. 왜냐하면 거기에는 중요한 것들이 침잠하는 넓은 공간과 동굴이 있기 때문이다. 침묵은 강한 자기 지배에서 나오고 자신을 극복하는 것은 진정한 승리다. 자신을 발견하면 발견할수록 유익하다. 이성이 건강하려면 내면의 온건한 정서를 키워야 한다. 침묵은 위험에 맞서 싸워야 한다. 그 위험은 다른 사람들의 여러 가지 시도들, 즉 그들을 오도할 의도로 항변하는 것이나 무엇인가를 추적하기 위한 험담이다. 그 모든 것에서 주의 깊은 사람은 평소보다 내향적인 사람이 된다.

## 심오한 이성으로 옳게 판단하고
## 좋은 취향으로 삶을 물들여라

뛰어난 인간의 세 가지 덕목이 있다. 관대하신 신께서 내리신 최고의 선물들은 바로 생산적인 창의력, 심오한 이성, 세련되며 유쾌한 취향이다. 좋은 생각보다 올바른 생각이 더 좋으니, 이것은 선에 대한 통찰력을 갖는 것이다. 몸이 편한대로 판단하는 건 문제가 된다. 이성적인 본성으로 올바르게 생각하는 태도가 중요하다. 20대에는 의지가, 30대에는 지성이, 40대에는 판단력이 앞선다. 흡사 살쾡이의 눈처럼 빛을 발산하여 캄캄한 곳에서 명쾌하게 길을 찾아가는 사람들이 있다. 또는 그때그때 상황에 맞춰서, 시급한 것부터 헤쳐나가는 이들도 있다. 그들은 양질의 것들을 풍족하게 얻는다. 그러는 내내, 좋은 취향은 삶 전체를 물들인다.

## 성숙한 인간이 되라

성숙한 외모도 빛나지만, 성숙한 태도는 더욱 빛난다. 무게가 무거울수록 귀금속이듯이, 도덕적으로 묵직할수록 귀중한 사람이다. 어떤 능력이든 성숙의 경지에 이르면 존경심을 자극한다. 사람의 태연함은 그의 영혼의 얼굴이다. 성숙함은, 바보들이 둔감해서 보이는 태도가 아니라, 차분하고 권위 있는 분위기에 있다. 성숙한 이들은 무심코 하는 말과 행동들이 그 자체로 완벽하다. 사람은 결국 성숙함으로 완성되니, 누구나 성숙한 만큼 완전해지기 때문이다. 진지함과 권위는 어린아이처럼 행동하기를 멈출 때 생겨난다.

## 숭고한 품성을 가져라

숭고한 품성을 가져라. 한 명의 숭고한 인격이, 대다수 범
인들의 평범한 인격을 합한 것보다 고귀하다. 위대한 사람
은 정신의 모든 성격들이 위대하도록 더욱더 자신을 훈련해
야 한다. 신의 모든 것이 영원하고 무한하듯이, 영웅의 모든
말과 행동도 장엄하고 충만해야 한다.

## 껍질 이면의 알맹이를 보아라

내면을 들여다보라. 대부분 보여지는 것과 다르다. 그런데 무지하면 결코 껍질 속을 보지 못하고, 알맹이를 보여줘야만 깨닫는다. 언제나 처음에는 거짓말이 판을 치면서, 지독하게 야비하게 바보들을 조종한다. 진실은 늘 시간의 팔을 잡고 절뚝거리면서 마지막에야 온다. 따라서 현명한 사람들은 진실을 위해 인내한다. 기만은 매우 피상적이어서, 피상적인 사람들이 잘 속는다. 참되고 올바른 것은 깊이 숨겨져 있기 때문에 지혜롭고 현명한 사람들만이 거기까지 가 닿는다.

## 직위보다 인격이 더 높아야 한다

인격이 직위의 책임을 능가해야지, 그 반대면 안 된다. 지위가 아무리 높아도 인격은 지위보다 우월함을 보여 주어야한다. 포괄적인 정신은 점점 더 많은 것을 받아들이고, 그럴수록 직위도 올라간다. 반면에 편협한 사람은 곧 약점을 보여 주고 결국 의무와 부서진 명성으로 파산할 것이다. 아우구스투스 황제는 위대한 군주보다 위대한 인간이 되는 것을 더 명예롭게 여겼다. 여기서 높은 감각이 도움이 되고 아주신중한 자신감도 크게 기여한다.

## 허기를 남겨두라

굶주림을 남겨 두어라. 감로주가 채워진 술잔일지라도 입술에서 떼어내라. 욕구는 가치 평가의 척도다. 심지어 육체의 갈증도 완전히 없애지 않고 달래주기만 하는 것이 좋다. 좋은 것일수록 부족해야 더욱 좋다. 마음에 드는 것으로 포만감을 느끼면 위험하고, 탁월해지는 데 방해가 된다. 행복의 중요한 규칙은, 남아 있는 허기를 통해 계속 식욕을 자극하는 것이다. 만약 열정을 되살리고 싶다면, 충분히 향유한 포만감이 아니라, 결핍에 대한 초조함이 더 효과적이다. 그렇게 힘들게 얻은 행복은 곱절로 기쁘다.

## 망각하는 능력을 키워라

잊어버릴 줄 알아야 한다. 이건 능력보다는 행운의 문제다. 기억은 가장 필요한 순간에 우리를 떠나서 쩔쩔매게 할 뿐만 아니라, 비열하게도 가장 원치 않는 순간에 우리에게 다가온다. 고통스러운 일에는 생생하게 굴면서, 즐거운 일에는 냉담하다. 그래서 이 고통을 잊는 유일한 치료약이 망각인 경우에도 망각하지 못한다. 그러나 우리는 기억에 습관을 들여야 한다. 거기에 일상이 천국이 되느냐 지옥이 되느냐가 달렸다. 여기서 예외가 되는 사람들은 순수하게 소박한 행복에 만족하는 사람들뿐이다.

## 불가피한 위기라면 기회로 삼아라
### 위기에서라야 한계를 뛰어넘는 능력이 발휘된다

어려운 임무를 능력 발휘의 불가피한 기회로 활용하라. 익사의 위기에서 놀라운 수영 실력을 발휘하듯이, 곤경에 빠져서 오히려 자신의 가치를 증명해낸 사람들이 많다. 그러한 계기가 아니었더라면 소심함에 묻혀서 절대로 발견하지 못했을 자신의 용기, 지식, 재치를 발견하는 것이다. 위기는 이름을 드높일 기회다. 또한 고귀한 사람은 명예가 손상될 위기에 처하면 수천 배의 효과를 내며 일한다. 이사벨라 여왕 역시 이 삶의 규칙을 잘 알고 활용했기에, 그녀의 치하에서 여러 걸출한 인물들이 배출되었다.

## 무엇이든 잘 쓰면 장점이 되고
## 잘못 쓰면 단점이 된다

무엇이든 원래의 결대로 사용하지 그 반대로 하지 말라. 무엇이든 양면이 있다. 아무리 최고의 검도 칼날을 쥐었다간 다치고, 적의 창도 그 손잡이를 내가 쥐면 보호 수단이 된다. 많은 것들이 잘 쓰면 기쁨을 만들지만 잘못 쓰면 고통을 일으킨다. 세상 모든 것에는 장점과 단점이 함께 있는 것이다. 그 중에서 장점만 골라내는 능력이 바로 지혜. 같은 일도 어느 시각에서 바라보느냐에 따라 아주 달라진다. 그러므로 가장 유리한 시각에서 바라보고, 이점과 해악을 혼동하면 안 된다. 똑같은 상황에서 누구는 만족하고 누구는 슬퍼하는 이유다. 그러니 행운의 여신이 찡그리는 순간에도 이 말을 명심해야 한다. 언제 어떤 상황에서도 유효한, 삶의 묵직한 규칙이니까.

# 진짜 의도를 끝까지 헷갈리게 하라

때로는 의도를 감추고 때로는 의도를 드러내라. 삶은 타인의 악의와 싸우는 전쟁이다. 이때 의도에 맞춰서 전략을 바꾸는 것이 지혜다. 우선, 직접 위협하지 않고 그저 상대의 주의를 돌린다. 허공을 겨누는 척하다가 불시에 적진을 타격한다. 언제나 진짜 의도는 은폐해야 한다. 의도를 드러내는 척해서 적의 관심을 끌었다가, 곧장 방향을 틀어 급습해서 정복하는 것이다. 그러나 통찰력 있는 지성은 이 전략을 알아채고 조용히 매복한다. 상대가 구사하는 작전의 이면을 파악하고 짐짓 속은 척한다. 그러면 이제 전투의 양상은 상대의 술책을 한 수 먼저 내다보는 것으로 격상되면서, 진실을 말해서 속이는 게임으로 바뀐다. 정직하게 말해서 기만하고, 속임수를 뻔하게 구사해서 헷갈리게 한다. 하지만 그러면 상대편의 지성도 더욱 경계하며, 빛 속에 가려진 어두움을 발견해내고 모든 움직임을 해독할 것이다. 너무 단순한 것일수록 더 교묘한 속임수라고. 이렇게 피톤Python의 간계와, 그 간계를 환하게 꿰뚫는 아폴론Apollo의 빛이 싸우는 것이다.

# 기대치는 낮추되
# 나쁜 일은 과장하라

지나친 기대를 받으며 등장하지 말라. 요란하게 상찬을 받은 자의 불행은, 이전에 지워진 기대에 결코 부응할 수 없는 것이다. 현실은 상상과 전혀 다르니까, 이상형을 그리긴 쉽지만 그것을 실현하는 것은 매우 어렵다. 상상력은 소망과 결합해서 실제보다 훨씬 큰 것을 그린다. 그래서 제아무리 우수한 사람도 쏟아지는 기대를 충족시킬 수 없다. 그러면 사람들은 기대에 못 미치는 것에 실망하고, 존경심을 비난으로 바꾼다. 희망은 진실을 크게 왜곡한다. 그러니 기대 이상의 성과를 확신하는 행동을 삼가라. 최종 결과를 장담하지 말고 그저 초반에 훌륭한 시도들 몇 가지로 주의를 끄는 정도로 충분하다. 그렇게 해서 실제의 결과가 기대와 생각을 뛰어넘는 것이 낫다. 그런데 나쁜 일일 경우에는 다르다. 오히려 과장이 유익한 것이다. 부풀려진 나쁜 일을 접했을 때, 처음에는 아주 혐오스럽게 생각했다가 나중에는 참을 수 있는 것으로 여겨지기 때문이다.

# 열정에 휘말리면
# 지혜도 미끄러진다

절제하라. 열정의 증상은 지혜의 빙판길이고 여기에 파멸로 추락할 위험이 있다. 많은 태연한 순간들보다 분노나 환희의 순간에 사람들은 더 멀리 떠밀린다. 때로는 한 순간의 일이 평생 치욕이 될 수 있다. 어떤 이들은 종종 고의적으로 우리의 이성을 흔들고, 가장 우월한 사람을 극단으로 몰 수 있는 비밀의 고문 도구를 이용한다. 절제는 특히 위험한 경우에 반대 술책에 이용된다. 열정이라기보다는 아주 신중한 정신이 요구되며 거기에 머무는 사람은 대단히 현명해야 한다. 위험을 파악한 사람은 신중하게 자신의 길을 간다.

## 좋은 소식을 전하라

좋은 소식을 전하라. 그것은 취향이 다른 어떤 곳에서 탁월한 것을 알게 되었고 따라서 여기서도 그것을 평가할 줄 안다는 것을 예고함으로써 우리의 취향에 대한 좋은 견해를 전파시킨다. 왜냐하면 이전에 좋은 것을 알아본 자는 나중에도 이를 알아볼 것이기 때문이다. 더욱이 좋은 소식은 즐기고 모방할 소재를 제공하고 칭찬할 만한 지식을 촉진시킨다. 그렇게 아주 세련되게 현재의 완벽한 일에 예의를 표시한다.

## 나쁜 소식만 전하는 사람을 멀리하라

좋은 소식도 나쁘게 전하는 사람들이 있다. 즉 그들은 자신들의 이야기에 항상 비난을 섞고 그 자리에 없는 사람을 깎아내려 참석자들에게 아첨하려고 한다. 그것은 얼마나 교묘하게 다른 사람에 대해 나쁘게 이야기하는지 인식하지 못하는 피상적인 사람들에게 통한다. 많은 사람들은 오늘의 평범함을 어제의 탁월성보다 더 높이 평가하는 술책을 갖고 있다. 주의 깊은 사람은 이 모든 술책을 통찰해야 하고 다른 사람의 과장된 이야기를 통해 낙담해서도 안 되고 다른 사람의 아첨을 통해 교만해서도 안 된다.

# 괜한 고집을 부리지 말라

적이 좋은 편을 선점했다는 이유로, 나쁜 편에 서겠다고 고집부리지 말라. 그러면 이미 한방 얻어맞은 상태로 싸움을 시작하고 결국 모욕적인 모습으로 철수해야 한다. 나쁜 무기로는 이길 수 없다. 적이 영민하게도 더 좋은 위치를 선점했다고 해서 뒤따라가며 더 나쁜 선택을 하는 건 어리석다. 그렇게 고집을 부려서는 싸움은 고사하고 말싸움도 이기기 어렵다. 고집센 사람들이 흔히 범하는 실수가, 반대하기 자체에 매몰되어서 진실을 잊고, 싸움에만 몰두하다가 목적을 잊는 것이다. 현명한 사람은 결코 격한 감정의 편이 아니라 올바른 편에 선다. 좋은 편은 단번에 찾아낼 수도 있지만, 나중에 점차 그쪽으로 다가갈 수도 있다. 적이 어리석다면 나쁜 쪽으로 길을 바꾸도록 유도할 수 있다. 이 경우에 적을 좋은 위치에서 몰아내는 유일한 방법은, 당신도 그것을 취하는 것이다. 그러면 어리석은 적은 그 길을 버릴 것이고, 두고두고 괜한 고집을 부린 대가를 치를 것이다.

## 교활함을 총명함으로 착각하면 안 된다

오늘날 약삭빠르게 살 수밖에 없는 면이 있지만, 그래도 위선자 소리는 듣지 말라. 교활하다는 말보다 진중하다는 평가를 들어야 한다. 모두들 정직한 행동을 좋아하지만, 정작 자신들은 그렇게 행동하지 못한다. 그렇다고 해서 정직함을 단순함으로 폄하하거나 총명함을 간교함으로 취급해서는 안 된다. 교활해서 두려운 대상이 되기보다, 지혜로워서 존경 받는 사람이 되어야 한다. 솔직한 사람들은 사랑받지만 기만당한다. 그래서 기만이라고 생각되는 것을 알아차리는 게 가장 중요하다. 황금시대에는 올곧은 사람들이 많았지만 이 치열한 시대에는 속임수가 난무한다. 자신이 해야 할 책임과 의무를 정확히 알고 있는 사람은 존경과 신뢰를 얻는다. 그러나 위선자라는 사람들은 위험하고 불신을 일으킨다.

## 목표와 행동을 일치시켜라

진부해 보이지 않으려고 역설적으로 구는 일을 삼가라. 어느 쪽이든 지나치면 평판을 망친다. 합리성에 역행하는 모든 시도는 바보스러운 행위다. 역설은 결국 기만이다. 처음에야 새롭고 짜릿하다고 박수를 받지만, 나중에 속임수가 드러나고 약점이 명백해지면 신뢰를 잃는다. 역설은 일종의 현혹이고, 정치에서는 국가의 파멸을 의미한다. 위대한 업적을 성취는 고사하고 흉내도 낼 수 없는 자들이 역설에 전념한다. 바보들은 찬미하고 현명한 사람들은 진실을 꿰뚫어본다. 역설은 말도 안 되는 주장을 하는데, 그 근거가 전부 거짓은 아닐지라도 확실히 불확실성에 기반했기 때문에, 삶의 중대한 문제들을 위험에 노출시킨다.

## 노련한 정치가는 책임을 전가하고
## 훌륭한 정치가는 의무를 지운다

남에게 의무감을 지워라. 호의를 주고서 반드시 되갚아야 할 의무로 느끼게 만드는 사람들이 있다. 아주 교묘해서 호의를 되돌려 받는 것인데도 마치 자신이 은혜를 베푼 것처럼 존경과 박수까지 받는다. 자신의 이익을 상대방의 명예처럼 만들어서 선사받고, 마치 그들이 봉사를 한 것처럼 보이도록 노련하게 사태를 주도한다. 아주 노련하게 누가 누구에게 신세를 지는 것인지 헷갈리게 만든다. 칭찬만으로 최선의 결과를 얻어내고, 상대방도 매우 기분이 좋아지게 만든다. 매우 정중한 태도로 자신들이 짊어져야 할 의무까지 상대방에게 전가한다. 정중한 화법을 이런 식으로 적극적으로 활용하는 건, 학자보다는 노련한 정치가의 면모다. 대단한 수완이다. 그러나 더 훌륭한 수완은, 사태를 정확히 인지하고, 이러한 바보 같은 거래를 그만두고 정당한 영예와 이익을 돌려주는 것이다.

## 신비하게 남아라
## 적당히 숨겨야 명성을 유지한다

의도적인 부재를 통해 당신의 가치를 높여라. 항상 볼 수 있으면 영예가 줄고, 보기 힘들면 더 소중해진다. 부재중에 사자로 여겨지던 사람은 막상 출석하면 웃음거리가 될 수 있다. 위인들도 자꾸 보면 그 광채가 희미해지는데, 내면에 꽁꽁 숨겨진 위대한 정신보다 볼품없는 외면의 껍질이 더 눈에 잘 띄기 때문이다. 상상력은 실제 얼굴보다 더 광범위하기에, 귀로 들었던 정보는 눈을 통해 들어온 시각 정보에 의해 와장창 깨져버린다. 사람들의 입방아에 오르내리지 않는 사람이 자신의 명성을 유지할 것이다. 불사조도 숭배되기 위해 모습을 숨기고 높이 평가되기 위해 자신을 숨긴다. 그래야 호기심이 존경과 열망으로 불타오르게 된다.

## 중요한 일일수록 오래 숙고하라
## 문제를 파악하지 못하면 고치는 방법도 모른다

항상 숙고하라. 가장 중요한 일은 가장 많이 숙고하라. 바보들은 생각하지 않아서 파멸한다. 그들은 상황을 절반도 보지 못한다. 또한 자신들의 손해나 이익도 전혀 파악하지 못하니까, 어디에 더 힘을 쏟아야 할지도 가늠하지 못한다. 제일 사소한 부분에 엄청난 가치를 부여하거나, 가치 계산이 늘 불합리하고 틀리다. 많은 사람들이 더 이상 잃을 이성조차 없을 정도로 어리석다. 아주 면밀히 들여다보고 연구해서 정신에 깊숙이 간직해야 할 일들이 있다. 현명한 사람은 모든 일을 숙고하되, 숙고의 경중이 다르다. 심오한 난제들을 맞닥뜨렸을 때 자신의 생각 이상의 것이 존재한다고 보고 특히 더 깊이 고찰한다. 그래서 마침내 그는 예상했던 것보다 더 넓게 이해하게 된다.

## 모욕에 감사로 대응하라

모욕이 예상되면 그것을 호의로 바꾸라. 이것이 복수하는 것보다 더 지혜로운 방법이다. 경쟁자가 될 사람을 측근으로 만들고 자신을 협박한 사람들을 명예의 보호 장치로 만드는 것은 능숙한 수완이라고 할 수 있다. 이때 호의를 베풀면 더 효과적이다. 왜냐하면 모욕을 퍼부을 시간을 빼앗아 감사의 표시로 채워버리는 것이기 때문이다. 그것은 불만을 기쁨으로 변형하면서 살아갈 줄 안다는 의미다. 누군가 당신에게 악의를 품었다면 그것이 친밀한 교제로 변화되도록 애쓰라.

## 매력을 갖춰라

매력은 현명한 정중함의 마술이다. 유쾌한 성격은 자석처럼 실제적인 이익은 물론이고 타인의 호감과 호의를 끌어모은다. 타인의 박수갈채로 인정받지 못하면 아무리 큰 공적을 세워도 충분하지 않다. 타인들을 지배하는 가장 효과적인 도구가 바로 매력이다. 뭔가 운의 영역에 들어가는 문제 같지만, 사실은 연습을 통해 키워질 수 있다. 왜냐하면 본래 본성에 있던 기질을 뿌리내리면 되기 때문이다. 선의를 키우고 발전시키면 점차 모두의 환심을 살 수 있다.

## 고결함은 관용, 아량,
## 그 모든 영웅적 자질들의 총합이다

고결함. 신사의 필수 조건이다. 모든 자질을 위대하게 불타오르게 하기 때문이다. 취향을 높이고, 마음을 자애롭게 하며, 정신을 고양하고, 감수성을 섬세하게 하고, 품위를 더한다. 고결한 사람은 계속해서 성장하며, 언젠가 운명의 여신이 변덕을 부려서 불행으로 내리쳐도 의연하게 맞선다. 행동의 한계에 도달해도 의지를 한계까지 밀고 나간다. 관용, 아량 등 모든 영웅적인 자질들이 고결함이라는 원천에서 흘러나온다.

## 사자와 같은 지배력을 발휘하라

타고난 지배자가 되어라. 그들의 경이로운 힘은, 작위적인 기교에서 생겨난 게 아니라 지배적인 본성에서 나온다. 다들 이유도 모른 채 그 지배를 따르면서, 천부적 권위의 강력함을 느낀다. 그러한 지배자들이 왕이고, 타고난 특권을 지닌 사자와 같다. 그들은 존경심을 주입해서 대중의 마음과 정신을 사로잡는다. 그런 자들은 다른 능력들까지 더해지면 국가를 통치할 운명까지 타고났다고 볼 수 있다. 왜냐하면 다른 이들이 긴 연설을 늘어놓을 때, 이들은 표정 하나로 영향을 미치기 때문이다.

## 달콤한 말은 호감을 일으키고
## 모욕적인 언사는 영혼을 찌른다

　언행을 늘 부드럽고 달콤하게 하라. 화살이 몸을 찌르듯 모욕적인 언사는 영혼을 찌른다. 언어에 빵 냄새처럼 달콤한 호흡을 실어라. 말로 천냥 빚을 갚는 건 삶의 큰 지혜다. 많은 갈등을 말로 해결할 수 있고, 그럼으로써 불가능한 것을 관철할 수 있다. 이처럼 꿀처럼 달콤한 바람을 불어서 대기에 용기와 힘을 불어넣을 수 있다. 그러니 항상 입속에 설탕을 가득 물고 있듯이 말을 달콤하게 하라. 당신의 적대자들조차 잠시 반감을 누그러뜨릴 것이다. 상대의 호감을 사려면 평화로운 태도로 다가가야 한다.

## 사태를 관망하라
### 무위無爲가 최선책일 때가 있다

사태를 관망하라. 그럴수록 사회생활이든 사생활이든 파도가 더 광포해진다. 인간사에는 정열의 소용돌이와 폭풍우가 있다. 그땐 항구로 들어가 정박하는 게 현명하다. 종종 치료약이 병을 악화시킬 때도 있으니, 자연치유에 맡기고 시간의 작용을 기다려봐야 한다. 훌륭한 의사도 처방하지 않아야 할 때를 알아야 하고, 때로는 약을 쓰지 않는 것이 최고의 처방이다. 대규모의 소용돌이가 불 때는 손을 놓고 잦아들 때까지 기다리는 게 적절한 방법이다. 오늘의 일시적인 굴복은 장차 유사한 경우와 맞닥뜨렸을 때 승리를 보장한다. 샘물이 약간 휘저어서 진흙탕이 되었다면, 별 대단한 기술이 있는 게 아니라 그저 시간이 흐르면 다시 맑은 샘이 된다. 분열과 혼란에 대항하는 최선의 수단은 각기 제 갈 길을 가도록 내버려두는 것이다. 그러면 스스로 진정될 테니 말이다.

**6**

○

# 사람들을 어떻게
# 대해야 하는가

○

## 위대한 사람들에게 공감하라
## 당신 안에 숨겨진 위대함을 깨울 수 있다

위대한 사람들에게 공감하라. 영웅들에게 끌리는 건 당신 안에도 영웅적인 특징이 있어서다. 자연의 기적과 같다. 비밀스러우면서도 유용하다. 마음과 정신이 저절로 끌리는 사람들이 있다. 마치 무지한 대중이 신비의 묘약에 취하듯이 말이다. 존경심이 생기면 호의가 따라오고, 애착에까지 이르게 된다. 말 없이도 설득되고, 수고 없이도 공감된다. 공감에도 적극적 공감과 소극적 공감이 있는데, 공통점은 큰 행복을 주는 대상일수록 경탄도 커진다. 그 관계를 인식하고 구별하며 이용할 줄 아는 것이 커다란 기교다. 왜냐하면 어떤 고집도 공감이라는 비밀스러운 호의 없이는 목적에 이르지 못하기 때문이다.

## 영웅을 닮아가라
### 그대로 모방하지 말고, 질투를 느끼고 자극을 받아라

본보기로 삼을 영웅을 가져라. 그리고 그들을 모방하지 말고 닮아가라. 위대한 업적으로 살아 있는 귀감이 되는 사람들이 있다. 모두들 자신의 직업에서 가장 위대한 본보기를 찾되, 그대로 따라하는 게 아니라 자극을 받아라. 알렉산더 대왕은 아킬레우스의 죽음에 눈물을 흘린 것이 아니라, 자기 자신 때문에 울었다. 자신의 명성이 아직 세상에 널리 퍼지지 않은 것이 안타까워서. 누군가의 승전 나팔 소리만큼 마음속에 큰 공명심을 불러일으키는 것은 없다. 질투심은 이렇게 큰 정신으로 표출해야 한다.

# 희망을 주며 의존하게 만들어야
# 당신을 따른다

사람들이 당신을 따르게 만들어라. 도금사가 아니라 숭배자가 우상을 만드는 법이다. 현자는 사람들에게 고마운 사람보다는 필요한 사람이 되고자 한다. 그러려면 그들을 희망의 밧줄로 묶어놓는 것이 전략적이지, 그들의 감사의 말만 믿고 놔두는 것은 얕은수다. 왜냐하면 희망은 좋게 기억되고 감사는 나쁘게 기억되기 때문이다. 사람들은 존중할 때보다 의존할 때 더 큰 감정을 느낀다. 사람들은 갈증이 해소되면 곧바로 샘에 등을 돌리고, 오렌지는 으깨진 후에는 황금빛 접시에서 거름 속으로 내던져진다. 의존감이 사라지면 호의적인 태도는 존경심과 함께 끝난다. 그러니 희망을 주되 그것이 결코 완전히 충족시키면 안 되고, 그 상태를 유지하라. 심지어 상대가 당신의 군주인 경우에도. 하지만 당신이 잘못될 때까지 지나치게 침묵해서는 안 되고, 당신의 이익을 위해 누군가 치명적인 손해를 보게 해서도 안 된다.

# 어리석은 대중의 경탄에
# 취하지 말라

무엇이든 비범해지라. 일단, 취향이 평범하면 안 된다. 오, 위대한 현자여, 그대들의 결실을 대중이 좋아한다면 얼마나 맥빠지는가. 대중의 박수갈채가 아무리 커도 현자들은 만족하지 못한다. 반면에 대중의 인기에 영합하는 카멜레온들은, 아폴론의 달콤한 숨결이 아니라 대중의 입김에서 즐거움을 찾아다닌다. 둘째, 지성도 평범하면 안 된다. 대중의 경탄에서 즐거움을 찾지 말라. 무지한 대중의 경탄은 그저 단순한 놀라움을 넘어서지 못한다. 결코 어떤 일이 일어났을 때, 어리석은 대중이 경탄할 때, 현자는 그 허위에 속지 않는다.

## 사람들의 호감을 얻기 위해
## 노력하라

사람들의 호의를 얻어라. 대중의 존경을 얻는 것도 엄청 난데, 대중의 사랑을 얻는 건 더 어렵다. 자연스럽게 되는 부 분도 있지만, 사실은 노력에 더 많이 달렸다. 먼저 토대를 닦 고, 그 위에 하나씩 세워가야 한다. 탁월한 능력들이 전제되 지만 그게 다가 아닌 것이다. 일단 한 번 좋은 평가를 얻으면 호감을 얻기 쉬워진다. 또한 선행은 호감을 불러일으킨다. 온 힘을 다해 좋은 일과 좋은 말을 하고, 더 좋은 행동을 하 고, 먼저 사랑해서 사랑받아라. 저명인사들은 정중함이라는 정치적인 마술을 부린다. 그렇게 행동한 다음에는 펜을 주 목한다. 행위가 완수되면 역사책에 기록되니까. 만일 저술 가가 써내려간 글이 호의적이라면 그 글은 영원할 테니까.

## 기대감이 꺼지지 않게
## 조절하라

기대하게 만들어라. 늘 기대감을 부추겨라. 기대가 더 많은 기대를 부르고, 훌륭한 행동이 더 빛나는 행동을 예고한다. 단 한 방에 당신이 가진 전부를 걸어서는 안 된다. 기대감이 사그라들지 않고 계속 살아 있도록 힘을 적절히 조절하는 기술이 중요하다.

## 삶은 연극처럼 진행된다
## 즐기되 침착하라

천국에서는 모든 것이 기쁨이고 지옥에서는 모든 것이
고통이다. 우리는 두 개의 극단 사이에 있고 따라서 양자에
관여한다. 운명은 변한다. 모든 것은 행운이 되지 않고 모든
것은 불행이 되지도 않는다. 이 세상은 영혼과 같다. 그 자체
만으로 세상은 아무런 가치가 없지만 천국과 결합되면 가치
가 크다. 세상의 변화 속에서 태연함을 유지하는 것은 현명
한 일이다. 새로움은 현명한 사람들의 문제가 아니기 때문
이다. 우리의 삶은 연극처럼 진행되고 마침내 발전한다. 따
라서 좋은 결말을 염두에 두어라.

# 위정자라면 건전한 판단력을 갖춰야 한다

건전한 판단력을 갖춰라. 간혹 현명하게 태어나는 이들은, 이 선천적인 이점 덕분에 학업에서 절반은 앞서 간다. 나이와 경험이 쌓이며 이성이 성숙해지면, 매우 타당하고 올바른 판단력이 생긴다. 그들은 신중함을 흐트러뜨리는 엉뚱하고 변덕스러운 생각들을 멀리하는데, 특히 확실해야 하고 다른 연관사들에 중대한 영향을 끼치는 국사에 관해서는 더욱 그렇다. 그러한 사람이라면 지도를 위해서든 조언을 위해서든 간에 정권을 장악할 만하다.

## 자잘한 득실을 따지지 말고
## 큰 그림을 보라

선하고 고귀하게 행동하라. 위대한 사람은 일 처리가 소심하지 않다. 자잘한 득실을 너무 꼬치꼬치 따지지 않고, 안 좋은 일일수록 그렇다. 매사를 알고 있으면 좋겠지만 반드시 그래야 하는 건 아니다. 보통은 너그럽고 정중한 신사처럼 일에 착수해야 한다. 지나치게 세세하게 들여다보지 않아야 남들을 이끌어 일을 진행시킬 수 있다. 지인이든 친구들, 심지어 적이라도 많은 부분은 내버려두어야 한다. 매사를 따지고 들면 성가시고, 특히나 원래 성가신 일이었다면 더욱 그렇다. 조금 거리를 두어야지, 매번 관여하는 건 미친 짓이다.

## 제멋대로 나서지 말라

제멋대로 나서면 남들이 업신여긴다. 남들에게 존경을 받고 싶으면 스스로 존중하라. 아무 데나 등장하지 말고 가야할 곳만 선별해서 가라. 군중들의 열망 가운데 등장해야 환영 받는다. 부르지 않는데 가지 말고 요청이 올 때만 가라. 자기 뜻대로 다 했다가는 자칫 잘못되었을 때 모든 비난을 떠안게 된다. 또한 잘됐을 때도 감사를 받지 못한다. 언제나 제멋대로 구는 사람이 모든 비난과 경멸을 뒤집어쓰게 되어 있다. 그래서 염치없이 끼어들었다간 아주 수치스럽게 퇴출될 수 있다.

## 냉정하라
## 열정에 휘둘리면 추문에 휘말린다

냉정함은 최상위의 정신만이 가지는 특권으로, 찰나적이고 저급한 충동에 휘둘리지 않게 해준다. 자기 자신과 스스로의 충동을 통제할 수 있다면 무엇이든 다스릴 수 있고, 결국 그것이 자유의지의 승리다. 반면에 열정에 휘둘리는 사람은 높이 올라가면 안 된다. 침착할수록 높은 직위를 맡아야 한다. 그러니까, 추문을 세련되게 피하는 유일한 방법, 혹은 가장 빨리 명성을 되찾는 지름길은 '냉정'뿐이다.

## 매사에 우아하라

매사에 우아해야 재능이 돋보이고, 말에 생명력이 깃들고, 행동이 진실해보인다. 우아함은 그야말로 장식 중의 장식이다. 우리의 본성은 완벽을 추구하는데, 완벽은 우아함으로 표현된다. 이런 특징은 생각에서도 나타난다. 이건 교육으로 되는 문제가 아니고 자연스러운 일이다. 훈련해도 안 된다. 편안함 이상의, 그러니까 편안하면서도 자유로운 모습으로, 어떤 상황에도 당황하지 않고 끝까지 아름답게 마무리한다. 우아하지 못한 미美는 죽은 것이다. 용감함, 지혜, 신중함, 위엄을 능가하는 덕목이다. 또한 곤경에서 빠져나오는 가장 빠른 탈출구다.

# 매일 자신의 광채를 새롭게 하라

자신의 광채를 새롭게 하라. 그것은 불사조의 특권이다. 탁월성은 퇴색하고 그와 더불어 영예도 퇴색한다. 닳았다는 이유로 찬사를 잃고, 종종 평범해도 새로운 것이 그 탁월함을 덮어버린다. 그러니 대담성, 천재성, 행복, 그밖의 모든 것을 새롭게 하라. 눈이 번쩍 뜨일 만큼 새롭게 등장하고, 태양처럼 매일 거듭해서 떠오르라. 당신이 빛날 무대도 계속 바꿔서, 당신은 부족함을 느껴 열의에 불타고 대중은 새로움에 박수갈채를 보내게 하라.

## 선구안을 가져라

앞날을 내다보라. 오늘, 내일, 아주 먼 훗날까지도. 대단한 선구안은 고난이 닥치기 전에 대비하는 데 있다. 신중한 사람은 사고를 당하지 않고, 주의 깊은 사람은 위험을 피한다. 진창에 목이 잠길 때까지 생각을 미뤄두면 안 된다. 여러 차례 생각해두면 도처에서 나타날 극단적인 불운을 대비할 수 있다. 베개는 침묵의 예언자다. 미리 고민하며 잠드는 날들이, 훗날 뜬눈으로 새우는 밤들보다 낫다. 많은 사람들은 먼저 행동하고 나중에 생각하는데, 이것은 결과보다 구실을 중시한다는 의미다. 전이고 후고 그마저도 생각 않고 살아가는 사람들도 많다. 인생은 내내 올바른 길을 놓치지 않으려고 생각하며 걷는 과정이다. 심사숙고해서 얻은 안목과 예측들이 있으면 인생 항로를 결정하기가 쉬워진다.

## 예의 바르다는 평판을 얻어라

예의 바른 사람은 인기를 얻기 때문이다. 예의는 교양의 중요한 부분이고 모든 사람들의 호의를 끌어당기는 마력이다. 반대로 무례는 경멸과 역겨움을 야기한다. 자만에 취한 무례는 혐오스럽고, 천한 인격에서 기인한 무례는 경멸의 대상이다. 시늉만 할 거면 차라리 지나치게 예의 바른 편이 낫지만, 모두에게 똑같이 적용해서는 안 된다. 그건 부당하다. 적에게 예의를 갖추는 것은 용기의 징표로 반드시 필요하다. 비용은 거의 안 들지만 대단히 효과적이다. 상대를 존중함으로써 존중받을 수 있는 것이다. 예의와 명예는 그것을 상대에게 표하는 당사자에게 머무는 특징이 있다.

# 명성을 지켜라
# 회복이 불가한 것이기 때문이다

명성을 시험 당하게 두지 말라. 왜냐하면 그것에 실패하면 그 피해는 메울 수 없기 때문이다. 한번쯤, 특히 처음에는 실패할 수 있다. 시간과 기회를 손에 쥐는 것이 항상 유리하지는 않다. 따라서 자신의 두 번째 시도를 첫 번째 시도와 결합해 더 확실하게 행하라. 그러면 성공하든 실패하든 간에 첫 번째 시도는 명예 회복이 될 것이다. 항상 개선에 호소해야 하고 여러 가지 것을 증거로 내세울 수 있어야 한다. 사태는 아주 여러 가지 우연들에 의존한다. 따라서 곧바로 다행스러운 결말이 나오는 일은 드물다.

## 삶의 무대를 옮겨다닐 줄 알라

삶의 무대를 옮겨다닐 줄 알라. 자신의 가치를 증명하기 위해 망명을 하는 사람들이 있다. 특히 고위직과 관련해 그렇다. 이 경우에 재능이 뛰어난 사람에게 고국은 계모와 같다. 온 토양에 질투가 팽배하고, 사람들은 그가 도달한 위대성보다 그의 미약한 시작만 기억한다. 바늘도 저쪽 세계에서 넘어왔으면 더 가치를 인정받고, 채색 유리도 먼 나라에서 왔을수록 다이아몬드보다 귀하게 취급되기도 한다.

## 사람들은 이색적이면 열광하고
## 익숙하면 폄하한다

모든 낯선 것은, 아주 멀리서 왔기에, 또는 완벽하게 완성되어 있다는 이유에서, 존중된다. 예전에는 땅 끝에서조차 경멸되었지만 지금은 세상의 중심에서 그들의 동포들과 이방인들에게 높이 평가되는 사람들이 있다. 동포들은 그가 현재 멀리 있기에, 이방인들은 그가 멀리서 왔기에 존경하는 것이다. 제단 위에 아무리 훌륭한 조각상이 있어도, 그걸 그저 정원에 있는 돌덩이 정도로만 보는 사람에게는 존중받을 수 없다.

## 말을 좋게 하고
## 행동을 명예롭게 하라

말과 행동은 완벽한 사람을 만든다. 언어가 탁월하고 행동이 명예로워야 한다. 전자는 완벽한 두뇌에서, 후자는 완벽한 마음에서 나오며, 둘 다 숭고한 영혼에서 생긴다. 말은 행위의 그림자다. 말은 여성적이고 행위는 남성적이다. 말하기는 쉽고 행하기는 어렵다. 말은 삶의 장식이고 행위는 삶의 실체다. 그래서 탁월한 말은 덧없지만, 탁월한 행위는 영원하다. 행위는 생각의 산물이다. 생각이 지혜로웠다면 행위는 성공적이다.

## 보상을 미리 베풀라
## 감사함을 아는 이들에게만

나중에 따라올 보상을 미리 베풀어라. 이것은 매우 교묘하고 현명한 수완이다. 아직 공로를 세우기 전에 호의를 받으면 친절하다고 느껴진다. 여기서 두 가지 큰 장점이 생긴다. 신속한 호의에 고마움이 커져서 더욱 열심히 일할 것이다. 그리고 어차피 나중에 보답으로 주었어야 할 것을 호의로 베푼 것인데도 상대방에게 의무감을 지운다. 의무감을 지우는 매우 세련된 방식인 것이다. 즉 보답을 요구하려는 마음을, 보답해야 할 의무를 느끼는 감사한 마음으로 바꾼 것이다. 단, 모두에게 적응되는 것이 아니라, 기본적인 예의와 의무감을 갖춘 사람들에게만 해당된다. 왜냐하면 마음이 비천한 사람들은, 미리 수여된 연금을 박차를 가하는 계기로 삼기보다는 입에 물린 재갈로 여기기 때문이다.

## 남의 불행에
## 휘말려서 죽지 말라

늪에 빠진 사람을 조심하라. 그들은 불행을 같이 나누고 위로받기 위해 다른 사람을 부를 것이다. 자신들이 불행을 짊어지는 것을 도와줄 누군가를 찾는다. 그러면 행복할 때는 차갑게 등을 돌렸던 이들이 손을 내밀 것이다. 익사 직전에 있는 사람들을 위험을 자초하는 일 없이 돕기 위해서는 커다란 주의가 필요하다.

## 최고의 분야에서
## 최고가 되어라

최고의 분야에서 최고가 된다는 건, 대단히 어려운 일이다. 일단은 뭔가가 특출나야 한다. 사람들은 평범함에 감탄하지 않으니까. 거기에 어떤 두드러진 직업에서 최고로 탁월해진다면, 보통의 대중들보다 부각되어 뛰어난 사람들과 어울릴 수 있다. 소소한 직업에서 탁월하다면 그냥저냥 괜찮은 존재임을 의미한다. 만만한 직업일수록 환호는 덜하다. 대단한 분야에서 최고가 되는 것의 최상의 장점은, 대중에게 존경받고 그들의 환심까지 살 수 있는 것이다.

## 주제를 파악하는 능력을 키워라

일의 핵심을 인지해서 상황을 잘 파악하라. 많은 사람들이 사태의 본질을 파악하지 못하고 쓸모없는 논의의 결과나 장황한 웅변의 언저리에서 헤맨다. 그들은 한 지점만 수백 번 맴돌며 자신과 다른 사람들을 지치게 하지만 결코 중요한 사건의 핵심은 건드리지도 못한다. 혼란한 정신에서 빠져나오지 못해서다. 그들은 내버려 두어야 할 문제를 건드려서 시간과 인내를 낭비하다가 결국 고갈시킨다.

## 우수한 팀원을 지원하라
## 결국 다 당신의 업적이 된다

좋은 도구를 쓰라. 시원찮은 도구를 써서 절묘한 재치를 발휘하려는 사람이 있다. 매우 아슬아슬한 시도이고 치명적인 실수로 이어질 수 있다. 각료들이 우수하다고 군주의 위대함이 줄어드는 게 아니다. 실행자에게 모든 공적의 영광이 가지만, 비난 또한 마찬가지다. 명예의 여신은 주요인물 옆에만 선다. 그러니 보조자를 잘 가려뽑아서 그들에게 의지하는 것에 명예의 비결이 있다.

## 악명이 붙는 걸 피하라

악명이 붙는 걸 피하라. 왜냐하면 뛰어난 장점인데도 악명이 붙으면 결점처럼 여겨지기 때문이다. 남달리 도드라지는 것에는 늘 악평이 쏟아진다. 별난 사람은 철저하게 외톨이가 된다. 심지어 아름다움도 과도해지면 공격받으니, 지나치게 눈길을 끈다는 이유에서다. 그러니 명성이 나쁜 유별난 행위는 더욱더 불리할 것이다. 그런데도 어떤 사람들은 악덕을 통해서라도 유명해지려고 한다. 그들은 아주 불명예스러운 명예를 소유하기 위해 타락 속에서 표창을 구한다. 통찰력조차도 과도하면 쓸데없는 수다로 취급되는 것이다.

# 분별력 있는 사람에게
# 인정받아라

비범한 이의 미온적인 긍정은 범인들의 박수갈채보다 더 가치 있다. 왜냐하면 지혜로운 사람들은 분별력이 있기에, 그들에게 칭찬을 들으면 매우 만족스럽다. 사려 깊은 안티고노스는 모든 영예를 제논에게로 돌렸고, 플라톤은 제자 아리스토텔레스가 그의 사상 전체를 대표한다고 추켜세웠다. 오로지 자신의 배를 채워넣는 것에만 혈안이 되어서, 폭도처럼 휩쓸고 다니며 심지어 가장 혐오스러운 쓰레기까지 싹쓸이하는 이들이 있다. 하지만 독재군주들조차 저술가를 필요로 하고, 못생긴 여자들이 화가의 붓을 두려워하는 것 이상으로 저술가의 펜을 두려워한다.

# 바보스러운 괴물이 되지 말라

바보스러운 괴물이 되지 말라. 매사에 우쭐대는 사람, 불손한 사람, 완고한 사람, 변덕스러운 사람, 자기 의견만 고집하는 사람, 괴짜, 걸핏하면 얼굴을 찡그리는 사람, 익살꾼, 수다쟁이, 역설주의자, 종파주의자, 이외에도 각종 괴팍한 사람들 말이다. 정신의 모든 기형은 육체의 기형보다 추한데 왜냐하면 정신의 기형은 고차원적인 아름다움과 동떨어져 있기 때문이다. 정신이 그렇게 뒤죽박죽인 사람을 누가 도울 수 있겠는가? 자기 통제력이 부족한 사람이 누구의 조언인들 듣겠는가? 남들이 조롱하는 줄도 모르고, 자신의 공상 속에서 듣는 공허한 박수갈채에 취해 눈 뜬 장님처럼 살아가는 것이다.

# 당신의 의견을
# 적당히 주장하라

누구나 자신의 관심사에 따라 견해가 있고, 그 견해가 대단히 근거 있다고 생각한다. 그러나 대부분 그 견해는 자신의 성향에 따른 판단일 뿐이다. 반대되는 두 의견이 부딪쳐도, 각각 자신의 근거가 더 이성적이라고 말하는데, 이성이 이중의 얼굴일 수는 없다. 그래서 그런 어려운 사항에서 현명한 사람은 주장을 펼칠 때 신중하다. 상대편 의견을 들어보면 자신의 의견에 의문점이 생기는 경우도 있기 때문이다. 그러니 반드시 타인의 입장에 서서 타인이 주장하는 이유들을 검토해야 한다. 그러면 그는 그렇게 고집을 피우며 타인을 비난하고 자신을 정당화하지 않을 것이다.

# 시대를 대표하는
# 진짜 위인들을 알라

시대를 대표하는 위인들을 알라. 그들은 몇 안 된다. 전 세계에서 불사조 하나, 위대한 장군, 완벽한 연설가, 진짜 철학자도 한 세기에 한 명씩, 위대한 왕도 수 세기에 한 명 정도다. 범인들은 다수여서 흔한데, 모든 면에서 도드라지게 위대한 인물은 대단히 드물다. 완전히 완벽해야 하기 때문이다. 많은 사람들은 카이사르와 알렉산더의 '대왕' 칭호를 탐했지만 헛된 일이다. 왜냐하면 행위가 따라가지 못하는데 위대한 호칭이 무슨 소용인가.

## 슬쩍 운을 띠워서 확인하라

슬쩍 운을 띠워서 확인하는 방법은, 특히 여론의 향방이나 성공 여부가 의심스러울 때 더 유용하다. 그렇게 해서 좋은 결말에 확신이 든다면, 더 진지하게 진행할지 전격적으로 철회할지 결정할 수 있다. 지혜로운 사람은 이런 식으로 타인의 의도들을 점검해보고 어떤 근거에 기반해야 할지 정확히 깨닫는다. 이렇게 해야 부탁할 때, 소망할 때, 혹은 통치할 때도 선견지명을 발휘할 수 있다.

## 국적, 가족, 직위, 연령
## 당신을 이루는 모든 요소들을 살펴라

국민성의 결함을 인정하고 고쳐가라. 물은 흘러가며 지층의 성질에 따라 변하고, 인간은 태어난 곳에서 큰 영향을 받는다. 다른 국가들보다 비교적 유리한 땅과 하늘을 차지해서 혜택을 보는 국민들도 있다. 가장 뛰어난 민족들도 나름대로의 과오를 지니고 있다. 인접한 민족들은 그것을 단속하거나 자기 만족을 위해서 그런 과오를 반드시 비난한다. 사실 자기 국가의 실패를 통해 개선해가는 행위는 대단히 영리한 일이다. 그것을 통해 신뢰를 얻을 수 있고, 거의 기대하지 않았던 것을 가장 뛰어난 장점으로 발전시킬 수 있다. 마찬가지로 가족, 신분, 직위, 연령에 따른 과오도 분명히 존재한다. 만약 어떤 사람이 이 여러 결점을 지니고도 전혀 주의하지 않고 자신의 과오도 전혀 인정하지 않는다면, 끔찍한 괴물이 될 수밖에 없을 것이다.

# 다양한 사람들과 어울려라

훌륭한 사람이 되는 길은 남들과 어울려 걸어야 한다. 교제를 통해 매너와 취향을 배우고, 나도 모르는 사이에 좋은 품성과 재능까지 습득하기 때문이다. 그래서 적극적인 이는 뛰어난 이와 어울리고, 여러 기질들이 어우러져 무리 없이 친근하게 지낸다. 다른 사람에게 맞춘다는 것은 아주 대단한 일이다. 대립되는 것끼리의 상호 작용으로 세계는 아름다워지고 유지된다. 그렇게 물리적으로 조화로워진다면 도덕적인 조화도 이뤄질 것이다. 친구냐 상대편이냐를 정할 때 이 점을 고려하라. 왜냐하면 극단의 반대끼리 결합했을 때 아주 분별 있는 중도가 찾아질 것이기 때문이다.

# 말만 하는 사람과
# 행동하는 사람을 구별하라

말만 하는 사람과 행동하는 사람을 구별하라. 친구, 동료, 기타 여러 만남에서도 정확하게 구별할 필요가 있다. 말은 나쁜데 성과만 좋다고 좋은 게 아니다. 하지만 말은 좋은데 성과가 나쁘다면 그것이 더 나쁘다. 말은 바람 같아서 온전히 자신의 것으로 만들 수 없고, 공손한 말씨로만 살 수도 없으니 정중한 기만에 다름 아니기 때문이다. 말은 성과로 나타나야 가치를 지닌다. 열매를 맺지 못하고 잎사귀만 무성한 나무는 살아 있는 것이 아니다. 그러면 본래의 가치를 내지 못하고 고작 '그늘'만 가치가 있기 때문이다.

## 초반의 열기를 활용하라
## 엄청난 기회이나 금세 사라져버릴 테니까

초심자의 행운을 잘 이용하라. 왜냐하면 누구나 아직 새로운 면모가 있는 한 높이 평가된다. 새로움은 일상적이지 않고 변화로 인식되기에, 탁월하지만 익숙한 것보다 오히려 평범해도 새로운 것이 환영받는다. 능력도 자꾸 사용되다 보면 닳고 식상해지니까. 그러나 새로움의 영광은 매우 짧다는 것을 명심하라. 나흘만 지나도 존경심이 사라진다. 따라서 초반에 인정받는 짧은 시기를 놓치지 말고, 순식간에 지나갈 그 박수갈채를 최대한 활용하라. 왜냐하면 일단 새로움에 대한 열기가 지나가면, 곧장 열정이 식고 새로웠던 것들이 식상한 관습으로 취급된다. 기억하라, 모든 것에는 때가 있으되 금세 지나간다는 것을.

# 자신의 행운의 별을 따라가라

당신의 행운의 별을 알아라. 그 별을 모르면 무력하고 불행하다고 느낀다. 어떤 사람들은 영문을 알지 못한 채 군주와 권력자들이 명성을 누리도록 돕는다. 어떤 사람들은 현자들의 호의를 받는다. 많은 사람들은 특정 국가에서보다 더 좋게 받아들여졌고 이 도시보다 저 도시에서 더 잘 보였다. 마찬가지로 직위나 신분에서도 종종 자신과 더 잘 맞는 것들을 발견한다. 다 비슷하거나 심지어 똑같은 자격요건을 갖췄는데도 말이다. 운명의 여신은 그녀가 원하는 대로 그리고 원할 때 카드를 섞는다. 그러니 누구나 자신의 재능과 함께, 자신의 행운의 별을 알아야 한다. 왜냐하면 행운을 잡을지, 경솔하고 부주의한 행동으로 운을 놓칠지는 그것에 달려 있기 때문이다. 그는 자신의 별을 따르고 그것을 도울 줄 알아야 하며 그것을 바꾸는 것을 조심해야 하는데 왜냐하면 그것은 마치 작은곰자리를 보면서도 북극성을 놓치는 것과 같기 때문이다.

# 당신이 한 일을 돋보이게 하라

내면적 가치만으로는 부족하다. 모두가 다 내면을 꿰뚫어 볼 수 있는 게 아니기 때문이다. 오히려 대부분의 사람들은 군중을 따라간다. 명성을 부여하는 건 대단한 기술인데, 때론 칭찬만으로도 가능하다. 칭찬하면 남들의 부러움을 사게 되고, 멋진 호칭을 부여하면 남들과는 확실히 차별화된다. 단, 허세를 부려서는 안 된다. 또한 전문성을 주장하는 것도 좋은 유인책이다. 모두가 그렇게 여기게 되어도 부러움을 낳기 때문이다. 절대로 자기 일을 쉽다거나 별일 아니라고 말하지 말라. 사람들이 편안하게 생각하는 게 아니라 만만하게 본다. 모두가 이례적인 것을 추구하는데, 취향이든 이성이든 끌리기 때문이다.

## 오락가락하지 말라

천성 때문이든 허세 때문이든 모순되게 행동하지 말라. 유능한 사람은 항상 최상으로 행동해서 신뢰를 얻는다. 그의 행동이 달라진다면 그럴 만한 이유나 상황이 있는 것이다. 행동이 이랬다 저랬다 하는 건 추하다. 매일 행동이 달라지는 사람이 있는데, 그렇다면 그들의 지성도, 의지도, 행운까지도 오락가락하는 것이다. 어제는 하얬다가 오늘은 검고, 어제 긍정했던 걸 오늘은 부정하고. 그렇게 자신의 신용을 깎아먹고 남들과의 관계도 망가뜨린다.

## 괜한 환상이 없는 사람이 되라

괜한 환상이 없는 사람, 그러니까 현명한 기독교도가 되고 철학의 신하가 되자. 그런 척만 하거나 과시하지 말고. 철학은 오늘날 그 명성을 잃어버렸지만 현자들이 펼칠 수 있는 최고의 활동이었다. 사색은 빛을 잃었다. 세네카가 로마에 처음 소개한 이후 철학은 한동안 대세였지만, 이제는 시대에 맞지 않는 구닥다리로 치부되는 것이다. 하지만 여전히 기만을 폭로하는 것이 사유하는 정신의 음식이며 정직한 사람의 즐거움이다.

# 자만하지 말라

자기만족을 드러내 보이지 말라. 자신에게 불만스럽다고 기색해도 (소심하다는 뜻이니) 안 되겠지만, 자만해서도 안 되는데 왜냐하면 바보 같은 짓이기 때문이다. 자만은 대개 무지해서 생기는데, 신뢰를 깎아먹지만 않는다면 별 이득 은 없어도 기분이 좋을 수는 있다. 타인의 까마득한 완벽성 은 따라할 수 없으면 자신 안의 평범한 재능에 만족하면 된 다. 하지만 차라리 의심이 현명하고 유용한데, 그래야 불행 을 피하거나 변고가 생겼을 때 위안이 되기 때문이다. 이미 불행을 걱정하고 있었다면 불행으로 놀라는 일은 없을 것이 다. 구제 불능의 바보들이나 공허하게 자기만족에 한껏 취 해 있으면서 다른 분야에까지 그 씨앗을 널리 퍼뜨린다.

# 정중함을 표시하는 데
## 늘 주의하라

대부분의 사람들은 실제 그들의 모습대로 이야기하지 않고 그들의 사회적인 위치에 맞도록 꾸민다. 나쁜 일은 쉽게 사람들의 관심을 끌어당긴다. 우리가 알고 있는 최선의 것은 대부분 다른 사람들의 견해에 의존한 것이다. 어떤 사람들은 자신들이 올바른 가치관 위에 서 있는 것에 만족하지만 그것은 충분하지 않다. 무엇이든 노력을 통해 행해야 한다. 누군가에게 의무를 지우는 것은 종종 비용이 덜 들고 효과가 크다. 말로 대가를 치르고 행위를 얻는다. 세상이라는 이 커다란 집은 적어도 일 년에 한 번 정도는 필요한 도구가 되는 사람들로 채워져 있다. 그렇게 봤을 때 가치 없는 인간은 없다. 누구나 자신의 성향에 따라 어떤 대상에 대해 이야기하지만 지혜로운 정중함이 필요하다

## 사랑에 존경을 담아라

사랑과 존경을 모두 받을 수 있다면 대단한 행운이다. 보통은 존경하는 대상은 감히 사랑하지 못한다. 사랑은 증오심보다 무모하다. 애정과 존경심은 잘 어울리지 않는다. 그래서 지나친 경외의 대상이 되는 것도, 지나친 애정의 대상이 되는 것도 바람직하지 않다. 사랑하면 친밀해지는데, 친밀감이 앞으로 내딛는 매 걸음마다 존경심은 한 걸음씩 뒤로 물러난다. 그래서 많은 사람들에게 더 적절한 것은, 헌신적인 사랑보다 존경심이 담긴 사랑이다.

## 호의를 얻어내라

우리는 호의를 통해 유리한 의견을 얻는다. 일의 가치만 신뢰해서 호의따위는 무의미하다고 생각하는 자들이 있지만, 지혜로운 사람은 호의의 도움 없이 공로만 있으면 아주 멀고 험한 길이 된다는 걸 안다. 호의는 모든 것을 수월하게 만들고 보완한다. 호의는 용기, 열정, 학식, 심지어 지혜 같은 것까지 제공해서 아무 문제가 없어 보이게 만든다. 반면에 추악한 실수들에는 눈을 감는다. 호의는 보통 추구하는 이익이 같을 때 성향, 민족, 친족 관계, 조국, 직위 등의 물질적 이익, 또는 보다 차원 높은 공동체에서는 능력, 의무, 평판, 장점 등의 추상적 이익. 사실 호의를 얻는 건 난제이나, 우리는 반드시 얻어내서 이용해야만 한다.

# 영혼이 단단하면
# 육체도 장수한다

장수의 비결. 선하게 사는 것이다. 두 가지가 삶을 단축시킨다. 어리석음과 방탕함. 어리석으면 생명을 지킬 분별력이 부족하고, 방탕하면 생에 대한 의지가 없다. 덕이 훌륭함의 결과이듯 악덕은 우매함에 대한 벌이다. 선한 삶은 결코 죽지 않는다. 영혼의 단단함은 육체에까지 전해지기 때문이다. 선한 삶은 내적으로나 외적으로나 장수하게 된다.

# 사리 분별력을 높여라

사리 분별력이야말로 이성의 왕좌이고 주의의 토대이며. 수월하게 성공을 쟁취할 수단이다. 신의 선물이자, 맨 먼저 기도로 구해야 할 최고의 자질이다. 핵심 갑옷처럼 매우 중요해서, 다른 자질들은 그저 많으냐 적으냐의 문제지만 이게 없으면 사람은 불완전해진다. 삶의 모든 행위는 사리 분별력에 달렸다. 어디에든 필요하다. 사리 분별력은 자연스럽게 이성적인 특징과 융화되어 가장 올바른 것들을 취한다.

## 유명세를 이용하라

명성을 얻고 유지하라. 유명세를 이용하라는 말이다. 명성은 얻기 어렵다. 능력이 탁월해야만 따라붙기 때문이다. 그런데 탁월한 능력은 드물고 대개는 고만고만하다. 그러나 일단 명성을 얻고 나면 쉽게 유지된다. 명성에는 의무가 따르지만 얻는 것이 더 많다. 힘과 고상한 행동이 있으면 존경을 받고 일종의 위엄까지 인정받는다. 하지만 실제로 가치가 있는 명성만이 영원히 지속된다.

## 의도는 암호화하라

영혼은 열정으로 드러나는데, 가장 실용적인 지식은 그 것을 변장시킨다. 카드 패를 들킨 사람은 패배의 위험에 처 한다. 엄청난 자제력으로 탐구자의 관심에 맞서 싸워야 한 다. 살쾡이처럼 탐지하고 조개처럼 은폐하라. 당신의 취향 을 절대로 들키지 말라. 안 그러면 누군가가 반박이나 아첨 으로 맞설 것이다.

## 최대 결점을 파악하라
## 그리고 전쟁을 선포하라

자신의 주요한 결점을 알라. 누구나 자신의 가장 뛰어난 장점에 버금가는 결점을 지니고 있다. 욕망이 커질수록 이 결점도 독재자처럼 커질 것이다. 그러니 이 결점을 없애려면, 진지한 마음가짐으로, 이 결점에 맞서는 전쟁을 분명하게 선포하라. 왜냐하면 일단 결점으로 인식하면 고치기 쉬워지기 때문이다. 자기 자신의 주인이 되려면 스스로에 대해 철저하게 알아야 한다. 가장 주요한 흠결을 없앨 수 있다면, 다른 작은 실수들도 바로잡을 수 있다.

## 꼭 필요한 사람이 되어라

꼭 필요한 사람이 되어라. 다수의 호감을 얻는 건 거의 불가능하고, 분별 있는 사람들에게 호의를 얻는다면 최상의 기쁨이다. 방법은 여러 가지다. 아주 확실한 방법은 직장에서 탁월한 재능을 발휘하는 것이다. 거기에 기분 좋은 태도까지 더해지면 당신은 그 일에 꼭 필요한 인재가 된다. 당신이 그 일에 매달리는 게 아니라. 직무로 인해 명예를 얻는 사람도 있고, 직무를 명예롭게 만드는 사람도 있다. 그런데 후임자가 형편없어서 우리가 우수해 보인다면 그것은 영예가 아니다. 우리가 필요한 사람이라는 뜻이 아니라, 그들을 원치 않는다는 뜻이기 때문이다.

# 교양인이 되어라

문화와 품위. 우리는 야만인으로 태어나서, 문화로 인해 짐승 이상의 존재가 된다. 교양이 인간을 만드는 것이다. 교양이 높을수록 더 인간다워진다. 문화를 가졌던 그리스인들은 나머지 국가의 국민들을 야만인이라고 지칭했다. 무지는 매우 야만적이다. 문화를 형성하는 대부분은 지식이다. 하지만 지식에 품위가 없으면 조잡할 뿐이다. 비단 지식뿐만 아니라 욕망, 특히 대화에 품위가 있어야 한다. 정신과 육체에 품위를 타고난 사람들도 있다. 그들은 사고, 언어, 의복(영혼의 껍데기), 그리고 재능과 성과에까지 기품이 넘친다. 반면에 어떤 사람들은 뭐든 거칠어서, 자신의 장점조차 참을 수 없는 야만적인 것으로 만들기도 한다.

## 성인聖人이 되어라

한 마디로 말해서, 성인이 되어라. 이 한 마디로 모든 게 설명된다. 덕은 완전해지는 길목이자 모든 복의 중심이다. 덕은 사람을 이성적이고 신중하고 사려 깊고 현명하고 지혜롭고 대담하고 숙고하고 정직하고 행복하고 인정하고 참되게 하며, 모든 면에서 영웅으로 만든다. 사람은 신성함, 건강, 지혜로 행복해진다. 덕은 소우주이며, 양심이라는 반원을 이룬다. 덕은 매우 아름다워서 신과 인간 모두의 호의를 얻는다. 덕은 더없이 사랑스러우며, 오직 악덕만은 혐오스럽다. 덕만이 진지한 문제이고 다른 모든 것은 농담이다. 사람의 능력과 깊이는 행운이 아니라 덕으로 측정할 수 있다. 덕만 있어도 완전하다. 덕 있는 인간은 살면서는 사랑받고, 죽어서는 기억된다.

**옮긴이 노희직**

한국외국어대학교와 동대학원 독문학과를 졸업했다. 독일 튀빙겐(Tübingen) 대학교에서 독문학을 전공하고 박사학위를 취득하여 현재 한국외국어대학교에서 독문학을 강의하고 있다. 수 년 전부터 동아시아의 문화에 대해 관심을 갖고 특히 동아시아의 시각에서 한국, 중국 및 일본의 미술과 종교를 비교연구하고 있다.

**쇼펜하우어의
세상을 보는 지혜**

초판 1쇄 펴낸 날  2024년 7월 31일

엮은이    아르투어 쇼펜하우어
옮긴이    노희직
펴낸이    장영재
펴낸곳    (주)미르북컴퍼니
자회사    더스토리
전 화     02)3141-4421
팩 스     0505-333-4428
등 록     2012년 3월 16일 (제313-2012-81호)
주 소     서울시 마포구 성미산로32길 12, 2층 (우 03983)
E-mail   sanhonjinju@naver.com
카 페     cafe.naver.com/mirbookcompany
S N S    instagram.com/mirbooks

* (주)미르북컴퍼니는 독자 여러분의 의견에 항상 귀 기울이고 있습니다.
* 파본은 책을 구입하신 서점에서 교환해 드립니다.
* 책값은 뒤표지에 있습니다.